The Latest Theory of Well-Being
under Dystopian Disasters

ディストピア禍の

新・幸福論

慶應義塾大学大学院教授
前野隆司

プレジデント社

Prologue——歩む

イギリスのデボン州にある小さな街、トットネスにあるシューマッハ・カレッジ[※1]をご存じだろうか？　経済学者エルンスト・シューマッハ[※2]の「スモール・イズ・ビューティフル（小さいことは素晴らしい）」という考え方に感銘を受けたインド出身の思想家であるサティシュ・クマール[※3]らが、1990年にイギリスに創設した小さな大学院である。学生たちは寝食をともにしながら、経済やエコロジーや生き方について学ぶ。

シューマッハ・カレッジには、「Deep time walk」というワークがある。それは、地球が生まれてから現在までの46億年の歴史を、4・6キロメートルにたとえて歩く活動だ。

46億年＝4・6キロメートル
1億年＝100メートル
100万年＝1メートル
1万年＝1センチメートル
1000年＝1ミリメートル
100年＝0・1ミリメートル

※1　イギリスのデボン州トットネスにある大学院で、エコロジー中心の修士プログラム、短期コース、園芸プログラムを提供。1990年に、エルンスト・シューマッハに触発されたサティシュ・クマールらによって共同設立された。エコロジーや持続可能性に関するホリスティック教育コースを運営している。

※2　イギリスの経済学者で、ケインズに師事した。長年にわたるイギリス石炭公社の勤務経験と経済学者としての分析から、石炭、石油の枯渇を予測し、原子力の利用にも警鐘を鳴らす。1973年刊行の『スモール　イズ　ビューティフル』（講談社学術文庫）で、エネルギー危機を予言した。

想像してみてほしい。一歩（50センチ）が50万年。日常的なスケール感を離れ、地球の歴史を実感として体験する、4・6キロの旅である。

シューマッハ・カレッジの裏手にあるフットパスの小さな入り口から、46億年の旅がはじまる。1キロメートル歩いたところ（36億年前）で、ようやく生命が誕生する。わたしたちの先祖、バクテリアだ。ほぼ2キロメートル進んだところ（約26億年前）で、シアノバクテリアが大量発生する。大気の組成が大きく変わり、排出された酸素はオゾン層を形成する。そこから500メートルほど歩くと、ミトコンドリアが誕生する。

その後も延々と歩き続ける。ゴールまで500メートルを切ったあたりで、ようやく変化が激しくなる。

カンブリア爆発（ラスト500メートル）、生物の陸上進出（ラスト400メートル）、大森林の形成（ラスト360メートル）、爬虫類の誕生（ラスト300メートル）、恐竜の誕生（ラスト250メートル）、哺乳類の誕生（ラスト225メートル）、アウストラロピテクスの誕生（ラスト4メートル）、ホモ・エレクトスの誕生（ラスト1・8メートル）、ネアンデルタール人の誕生（ラスト50センチメートル）、ホモ・サピエンスの誕生（ラスト20センチメートル）。

なんと、わたしたち人類の歴史は、地球4・6キロの旅の最後のたった20センチなのだ。そして、農耕革命が1センチ、産業革命は0・26ミリだ。そして、あなたの歴史は、100年生きたとしても、0・1ミリに過ぎない。

あなたは、この0・1ミリの人生をどのように生きたいだろうか？

※3 インド生まれのイギリスの思想家。マハトマ・ガンディーの非暴力と自立の思想に共鳴し、核大国の首脳に核兵器の放棄を説く1万4000キロの平和巡礼を行う。シューマッハとガンジーの思想を引き継ぎ、スモール・スクール（小さな学校）とシューマッハ・カレッジを創設した。

わたしは、脳と心の研究者である。近年は、「幸せ」についての研究を行ってきた。小学生の頃からの疑問は、「人はどこからきて、どのように生きて、どこへ行くのか」だった。そのことばかり考えて、気がつくと、参考文献の欄に掲載したようにたくさんの本を書いてきた。そして、日本から世界に発信するべきひとつの結論を得たのだった。しかし、得たと思ったら、それはすでに大乗仏教がいっていたことだった。哲学・思想としての大乗仏教。

「大乗」とは、大きな乗り物のことである。大きな乗り物は、どこまで大きくなれるだろうか。わたしは、地球サイズだと思う。もちろん、宇宙サイズになってもいいのだが、現在の地球人は、地球外生物をまだ発見していないから、いまのところは「地球サイズ＝宇宙サイズ」としておこう。

大きな乗り物に乗っているわたしたち。36億年前に地球に発生したわたしたちの〝ご先祖さん〟から、命は脈々と受け継がれている。みんな家族だ。過去から未来まで、生きとし生けるものは、みんな家族なのである。家族ならば愛したほうがいいに決まっている。だから、世界中の生きとし生けるものが幸せであることを願い、そのように行動するのがいい。それこそが、わたしがこれまで研究したり考えたりしてきた結論である。

本書では、哲学・思想としてではなく、脳神経科学・心理学・統計学・工学を中心とした様々な科学的研究の結果として、その結論を導いていく。

章立ては、方程式を解くときの形式に従った。方程式を解くときには、初期条件と拘束条件のもとで基礎方程式を解くというかたちを取る。もちろん数学の本ではないので、正確にそのようになっているわけではないのだが、アナロジーとしてその形式を用いた。解くべき問題は、これからの時代において「わたしたちはいかに生きるべきか」である。

第1章では、この問題を解くための初期条件、すなわち現状の世界について述べる。まず、パンデミック後の社会の閉塞感を見つめ、その打開のためにはウェルビーイング産業の育成が急務であることを述べる。また、人間行動の意識・無意識性の話から、心の問題に話を転じる。すなわち、脳神経科学の研究結果を参照しながら、わたしが提唱した受動意識仮説について述べる。そして、問題を解くために、「心は幻想である」という拘束条件を考慮すべきであることを示す。これらがこの問題の前提条件である。

第2章では、「わたしたちはいかに生きるべきか」という問題を解くための必要条件（数学でいうところの拘束条件のひとつ）として、「死」について考えることの重要性を述べる。また、死について考えることや、心はないと考えること、すなわち無について考えることからこそ、生の鮮やかさや寛容さ・許容性が生じるという思考を展開する。

第3章では、思考の起点を、統計学・心理学に転じる。すなわち、ウェルビーイングについての心理学研究をベースに、人間心理の特徴をエビデンス・ベースに論じる。要するに、「人間はどのような状態のときに幸せなのか」という科学的研究結果をもとに、「わたしたちはいかに生きるべきか」を考えるための基本的な指針を示す。

また、成人発達理論、アコモデーション、創造的第三の解決法など、「わたしたちはいかに生きるべきか」を考える際に補助線となる概念も紹介する。いずれにせよ、比喩的に「連立方程式」と した通り、「幸せな心」についての学問的・科学的な基礎について述べる章である。

第4章では、「わたしたちはいかに生きるべきか」という問いに対する答えを、第3章までの条件と方程式から導き出すかたちで述べる。結論として、「わたしたちは地球であり宇宙である」という視点を導き出す。

第5章は、第4章の結果を受け、本書の主題である自己概念の解体をさらに進めると、「世界中の生きとし生けるものを愛する」が導けることについて述べる。さらに、自己と世界の境界を消去することは、「自他非分離」の世界観への展開であることを示す。つまり、あなたはひとりではなく、36億年前のバクテリア以来、みんな兄弟姉妹だ。だからともに愛し合いながら生きよう。それ以外に答えはない――。そんな結論に至る。

書き終えてみて気づいたことは、本書を後半だけ読むと、奇をてらったトンデモ本に見えるかもしれないという点である。よって、ぜひ最初から順を追って読んでいただきたい。すると、様々な研究結果に基づく学術的な書であることがわかるであろう。

学術書なのかトンデモ本なのかという問いは、二項対立的だ。二項対立的な問い自体の妥当性についても本書のなかで問うので、この点について杞憂《きゆう》する必要はないとは思うものの、プロローグの時点ではとくに強調しておきたい。

本書は、様々な自然科学・社会科学・人文科学の研究成果に基づく書であり、それらの研究結果から、統合的に世界とはなにかを問う書である。もちろん、近代以降の人類の価値観自体を問い直す内容であるので、一部の読者のみなさんにとっては賛同できない内容もあるかもしれない。しかし、それも素晴らしいことだ。

本書が、人類の未来やあなたの未来についての議論に少しでもなんらかのかたちで役立つなら、望外の幸せである。

目次

第1章 前提条件：心はない

第2章

必要条件：死を想う

第3章

幸せの連立方程式

第4章 解：わたしは、地球であり宇宙である

第5章 分岐点：愛するか、滅びるか

第1章

前提条件：心はない

パンデミックという人類滅亡リスク

わたしたちの心の底に潜む「不安」の話からはじめよう。

先の見えないＶＵＣＡ[※1]の時代――パンデミックの時代を、どう生きていけばいいのか？　いまの仕事でいつまでやっていけるのか？　老後は健康に生きていけるのか？　気候変動で世界は壊れていくのではないか？　そんな、わたしたちの不安の話だ。

わたしたちが心の奥底に知らず知らずのうちに抱えていた、あるいは見て見ぬふりをしてきた不安が、新型コロナウイルスのパンデミックによって顕在化した。そして、世界は二極化している。変化には変化で対応している者と、身をすくめて通り過ぎるのを待つ者に。

パンデミックは、自然界にもともと存在する未知のウイルスが顕現したものと捉えることも、ランダムに突然やってくる避けられない自然災害と捉えることもできるだろう。一方で、人類が引き起こした人災と自問することも必要ではないだろうか。

環境問題が深刻なレベルに近づいていること。テクノロジーが進歩し、世界中の人々が自由かつスムーズに往来できるようになったこと。元を辿れば、これらは人類が様々な活動をした結果である。つまり、人類の活発な活動の結果、パンデミックは起こるべくして起きたと考えることができる。

わたしは随分前から、環境破壊によって気温が上昇すると、ほかの複合的な要因とも関係しなが

※1　「Volatility（ボラティリティ：変動性）」「Uncertainty（アンサートゥンティ：不確実性）」「Complexity（コムプレクシティ：複雑性）」「Ambiguity（アムビギュイティ：曖昧性）」の頭文字を並べたもの。もとは軍事用語であったが、２０１０年代より、「ＶＵＣＡワールド」「ＶＵＣＡ時代」のようにビジネスでも用いられるようになった。「ブーカ」と読む。

ら、生物の調和や共生関係が崩れ、新種のウイルスが出現しやすくなると予測していた。毎年世界中で頻発する異常気象を見ればあきらかなように、地球の均衡状態が崩れた結果、異常事態が次々と起きることが〝普通〟になっている。温暖化との直接的な関連はまだ明確ではないものの、2020年にパンデミックが発生したのは予想の範囲内というべきだろう。

ウイルスは流行すればするほど変異種が発生するため、新型コロナウイルスにおいても、より感染力が強い変異種が何種も現れた。もちろん、ワクチンによってある程度抑え込むことはできる。だが、今後更なる変異が起きれば、人類がより過酷な状況に追い込まれる可能性は否定できない。仮に、変異種が現在の100倍の感染力や致命力を獲得したなら、人類は凄まじい影響を受けるだろう。

過去にも、天然痘や結核、コレラ、スペイン風邪（インフルエンザ）などのパンデミックは繰り返し起こってきた。致命率がもっとも高いものは黒死病（ペスト）で、14世紀には当時のヨーロッパの人口の3分の1以上が失われた。

自然災害リスクと同じように、感染症リスクは今後ますます高まっていくだろう。人類が自ら引き起こした強力なウイルスのパンデミックによって、人類が滅びることは十分あり得る。それは、恐竜をはじめ、すべての生物の進化史を振り返ればわかることだ。人類だけが特別である理由はどこにもない。現生人類（ホモ・サピエンス）はわずか20万年生きただけの存在であり、今後も20万年生きられる保証はない。

いや、そもそも人間の行く末など読めないと考えるほうが自然だろう。わたしたち一人ひとりが、自分の将来を想像してみればいい。自分がいつまで生きられるか、なにが原因で死ぬかはまったくわからない。そう、未来はもともと不確定なものなのである。

だが、そんな未来をなるべく予測できるようにと、人類は不確定要素を減らしに減らし、安心安全な社会をつくった。できる限り長く生きたいと願い、農耕をはじめ、技術を進歩させた。皮肉なことに、その結果として、人類は自らを破滅の危機に陥れる深刻な気候変動を引き起こすことになったのである。

どれだけ安心安全な社会をつくり上げても、不確定要素はなくならない。これは開放系[※2]・複雑系[※3]の原理である。新型コロナウイルスのパンデミックは、その波のひとつの到来に過ぎないというべきだろう。突然、全人類に対して、同時多発的に先が読めない事態が到来したため混乱が深まっているように見えるが、一歩離れて人類史を俯瞰すれば、特殊な現象ではない。

人類にもともと突きつけられていた様々な試練のひとつの波が、21世紀初頭にやってきたと考えるべきだろう。

資本主義は限界を迎えたのか？

新型コロナウイルスのパンデミックでは多くの人が苦しんだうえに、国の指導者たちの対応の差が露呈《ろてい》して、人々のあいだにさらなる不安が伝播した。ウイルスを抑え込んだ国ほど優れた指導者

※2　とくに熱力学的に着目している部分に、外部からエネルギーや粒子の交換がある場合をいう。現実に見られる事物のなかには必ず外界との接触が見出される。生物はすべて開放系であり、外部からエネルギーや物質を取り込んで自ら秩序ある身体をつくり、運動を行う。生きているという状態は、開放系の安定な定常状態であることである。

※3　複雑な変化を示す、または高度な構造を有する物質や生物、現象など、要素の結びつきが複雑かつ非線形で、時間経過に伴う変化が捉え切れないものを指す。従来の要素還元の方法では捉え切れない、脳、生命現象、生態系、気象現象などのほか、経済や人間社会が挙げられる。

かつ政治体制であったかというと、そうはいえまい。中国はトップダウンの規制によってウイルスを抑え込んだが、それをもって、ウイルスに理想的なかたちで対処したとは言い難いからだ。今後の動向も含め、長期的視点から見てどの政策が妥当だったかを評価する必要があろう。

民主主義※4の盟主アメリカは、当時のドナルド・トランプ大統領のもと、〝自国ファースト〟に舵を切っていた。かつては、なにか世界的な危機が起こればアメリカが強いリーダーシップを発揮し、そこにG7各国が連携して加わって解決に向けて協力し合うのが一般的だった。もともとリーダー然とした振る舞いが苦手な日本でさえ、その流れに沿って、ときに指導者がリーダーシップを発揮することもあったほどだ。

しかし、先の読めない社会では、国家は保守化・自国中心化する傾向がある。コロナ以前からアメリカやイギリスが内向きになっていたことを筆頭に、自由を標榜するほかの国々も自国の被害を抑えることを最優先し、個人の自由や経済活動を強力に制限するロックダウンが頻発した。日本では、歴史的な経緯もあって国家の非常事態に関する法律が整備されていなかった結果、すぐにワクチンを自国生産できなかったなど、コロナ対応が後手後手にまわった。

民主主義や資本主義※5を優れた体制と考えて維持してきた日本や欧米諸国は、パンデミックのような危機には、国民の自由が徒《あだ》になる可能性を思い知らされたのである。パンデミックを防ぐためには、なにより世界が一致団結すべきである。ところが、冷戦終結以降もっとも世界が分断していたタイミングでパンデミックが起きたのは不幸な巡り合わせだった。

※4 支配の権威が民衆に由来し、支配者と被支配者が同一であるという主義。または、その原則に立つ政治体制（民主制）。古代ギリシアがはじまりとされるが、そこでは少数の自由市民の参政権を認めたに過ぎず、17、18世紀の市民革命を経て近代的な民主主義が広まり、近代国家の主要な政治原理・形態となった。国民主権、基本的人権、法の支配、権力の分立などが重要とされ、現代では、広く一般に人間の自由と平等を尊重する立場を指す。

※5 生産のための組織が、資本によってつくられている経済体制。また、生産手段を私有する資本家が、労働者の労働力を商品として買い取って生産を行う生産様式。この過程で剰余価値

懸念されるのは、中国やロシアのようにリーダーがトップダウンですべてを決定し、それに従わせる専制主義のほうが世界の変化に対応できる面があることから、各国の保守化・自国中心化が進展している事態である。

専制国家側が自国の考えへの自信を強める風潮も高まっている。ついにロシアはウクライナに侵攻したし、中国は将来台湾統一を果たすべきと公言し、武力による再統一の可能性を排除していない。国家間のパワーバランスが変化し、専制国家の暴走を民主国家には止められないのではないかという疑念と緊張感が現実化しつつある。

民主主義が思いのほか、国家内においても無力であることは、かつてより指摘されてきた通りである。イギリスの政治家であったウィンストン・チャーチルが、「民主主義は最悪の政治形態といわれてきた。ほかに試みられたあらゆる形態を除けば」と述べたように、専制主義や軍事独裁に比べてマシだから生き残ってきただけである。民衆が判断を誤れば、全体も迷走する。パンデミックの混乱下で、わたしたちはその事実を突きつけられたというべきであろう。

自由主義[※6]では、個人が「木を見て森を見ることなく」自分勝手に行動しても、トータルで見ればうまくいくと考える。しかし、このアプローチでは、ポストパンデミック時代の環境問題や戦争の抑止、貧困問題、格差の問題などの〝森を見るべき課題〟を解決することは容易でない。むしろ個人が好き勝手にやっていた結果、潜在していた偏見や差別、不平等といった社会の歪みが、パンデミックを機に一気に顕在化していると見るべきであろう。

が生み出され、資本家はこれを利潤として獲得する。産業革命によって確立された経済体制で、生産活動は利潤追求を原動力とする市場メカニズムによって運営される。

※6 個人の権利や自由を基本とし、社会のあらゆる領域で個人の自由な活動を重んずる思想的立場。リベラリズム。人間は何物にも拘束されず、自身の幸福と安全を確保するために自由に判断し行動できる存在であることを主張した。17、18世紀の市民革命の成立と、資本主義の興隆とともに発達し、20世紀以降は大資本に対する労働者や消費者の社会的自由を重視して、富の再分配を是認する思想も包含する。

繰り返すが、自由主義・民主主義は社会主義や共産主義、専制主義などよりはマシだから生き残ってきただけだ。マルクスの思想は理想論のひとつとしては素晴らしいが、実現するための詳細までは完全ではなかったというべきだろう。事実、過去の共産党政権のほとんどは、結局、独裁政治へと堕《だ》した。

従来、民主主義は衆愚《しゅうぐ》政治に陥るため、専制主義や軍国主義のほうがマシだとする考え方もあったが、専制政治と民主主義の戦いであった第二次世界大戦のあとは、そうした風潮も弱まっていた。その後の冷戦構造も、ソビエト連邦崩壊によって終焉《しゅうえん》し、社会主義に対し民主主義が勝利したと考えられていた。アメリカの歴史学者であるフランシス・フクヤマが、「歴史は終わった」（『歴史の終わり［上］歴史の「終点」に立つ最後の人間』三笠書房）と高らかに宣言するなど、イデオロギー闘争は過去のものとみなされた時期もあった。

しかし、歴史は繰り返す。ロシアはソビエト連邦時代の夢を再び追いはじめた。中国は台頭し、アメリカの影響力は相対的に低下した。その結果として、アメリカは衆愚政治に陥り、イギリスも国民投票でEUを離脱するなど、民主主義の主要国が自国ファーストと化していた時期に、パンデミックが生じた。ロシアも中国も、民主国家の混乱に乗じて自国の勢力を拡大しようとしている。みなが争う時代である。

これに対し、わたしが理想とする世界は、あとで詳しく述べるが、国家間紛争が解決するのみならず、みなが世界を愛するというビジョンを共有する世界である。わたしの理想が実現できるならば、政治的には北欧諸国の社会民主主義※7のような修正資本主義でも、マイケル・サンデルのいう共

※7　ここでは自由民主主義体制を基礎にして、資本主義のもと、充実した社会福祉の構築を目指してきた北欧諸国などの体制を指す。教育や医療をはじめとする充実した社会保障を、労働市場における地位によってではなく、すべての国民に普遍的に給付することなどを目指す。

同体主義[※8]でも、『人新世の「資本論」』（集英社新書）の著者としても知られる斎藤幸平《さいとうこうへい》のいう次世代型マルクス主義[※9]でも構わないと考える。

ひとつの穏健な方法は、自由主義・民主主義を維持しながら、ポスト資本主義のようなシステムに移行するやり方であろう。現在の北欧の社会民主主義がそうであるように、資本主義を修正しながら新しいシステムをつくっていくべきかもしれない。

いずれにせよ、「お金だけが資本」とする資本主義に限界がきていることは間違いない。

かつてアダム・スミスは、「各人が市場で自由に行動すれば、市場メカニズムによって世界は発展していく」と述べた[※10]が、基本的な市場メカニズムだけでは、格差が拡大していくと考えられる。格差の拡大は、不幸の元凶である。

したがって、格差を縮小させ、人類全体に「豊かさ」を行き渡らせるための政治システムが必要だ。その候補の一部が、先ほど述べた修正資本主義、共同体主義、次世代型マルクス主義であろう。こうした「理想」への変革へ進もうとする考えがある一方で、先述のように自由主義・民主主義はパンデミックなどの危機に対して無力だとして、世界中で専制政治や独裁政治が広がりつつある。

つまり、両極の考え方が現れてきているということである。歴史を巻き戻して過去の体制に戻るのか、未来を新しくつくっていくのか――。いま人類は、〝選択〟と〝決断〟を迫られている。

※8　人間存在の基盤としての共同体の復権を唱える政治思想。コミュニタリアニズム。1980年代以降、北米の政治、法哲学、倫理学の分野で、自由主義（リベラリズム）とともに二大潮流を形成した。リベラリズムの主体が社会に先立ち、自らの選択の結果として社会を成立させるとしたのに対し、コミュニタリアニズムは、個人は特定の共同体のなかで育ち、その共同体に特有の価値を身につけることではじめて主体になると主張した。

※9　社会的に人々に共有され、管理されるべき富を指す「コモン」という概念を手掛かりに、マルクスを再解釈する立場。水や電力、住居、医療、教育などの公共財をコモンとして、人々が民主主義的に共同管理することを目指す。あらゆるものを商品化するのではなく、国有化するのでもなく、コモンの領域を拡張してい

人類は進歩していなかったのか？

1962年に生まれたわたしは、若い頃、「第二次世界大戦後に生まれて本当によかった」と思っていたことを覚えている。戦争のないバラ色の世界。1975年にはベトナム戦争が終結し、1989年にはベルリンの壁が崩壊した。「ついに人類は理想の平和へ向かって歩んでいる」。そんな希望があった。もちろん、その後も悲惨な紛争や内戦はいくつも起きていたが、少なくとも第三次世界大戦が起こることを想像する機運はなかった。

だが、去る2017年、民主主義国家アメリカで、民主主義を破壊するような言動を繰り返すトランプ大統領が誕生したことはショッキングだった。多くの惨禍を経験した人類はもはや愚かではなく、少なくとも民主主義の強国において扇動的な指導者が代表に選ばれることなどあり得ないと思っていたら、いとも簡単にかつ民主的に選ばれてしまったのだ。この暴君が選ばれる過程を見ていると、アドルフ・ヒトラーが首相に選ばれた過ちが実は現代の世界でも簡単に再現できることに対し、恐怖を感じたものだ。

かつて、ドイツの民衆が熱狂的にヒトラーを支持したのと同じように、多くのアメリカ人がトランプと、その自国中心主義に拍手喝采した。それ以降の4年間、わたしには世界がまるで第二次世界大戦前夜に戻りつつあるように見えた。いや、それを通り越して、人類は中世にまで先祖返りしたのではないかとさえ思えた。トランプは2020年の大統領選に敗北し、わたしもひとまず胸を撫で下ろした。だが、落選後にも暴論を繰り返し、それによって支持者の議事堂襲撃という民主主

くことで資本主義の超克を目指す。

※10 個人の経済活動の自由を最大限に保障し、国家による干渉や介入を極力排除しようとする思想・政策。「レッセ・フェール（自由放任主義）」とも呼び、アダム・スミスはこの思想を経済学的に体系化した。個人が自己の利益を追求する自由な経済活動こそが社会的な富を増大させ、その活動は「見えざる手」に導かれて公正かつ効率的な配分も実現し、社会的調和が達成されるとした。

義の根幹を揺るがす事態を引き起こしたのには、閉口するばかりである。

また、国内総生産世界第2位の中国が、共産主義国家なのか、専制政治なのか、独裁政治なのかは、今後も注視していく必要がある。少なくとも現時点で、企業活動に国家が介入したり、個人の権利を制限したり、ウイグル自治区で悲惨な人権侵害を行っていたり、周辺の各国と領土紛争を引き起こしているなど、「人民が共に和する国」とは言い難い。着々と軍備を拡張しつつある中国の国内総生産が10年以内に世界一になるという予測を見ると、新冷戦構造がどこに向かうのかは予断を許さない。

今後も米中の新冷戦構造は続くだろうし、自国中心主義の勃興や民主主義の綻《ほころ》びも続くだろう。近年、民主的な国家は減り、専制的な国家は増えているという統計データもある（226ページ）。一方で、革新的なポスト資本主義などの議論も続くだろう。両極化は止まらない。

そして、ロシアはウクライナに侵攻した。「プーチンはひどい」というのは簡単だが、彼個人の問題ではない。かつてスペインもイギリスもドイツも日本も行った侵略が、過去のものではないことを思い知らされたのが現代である。時計は思いのほか簡単に巻き戻された。世界大戦は、過去ではなく、未来かもしれないのだ。

日本にも、諸国との紛争の種がある。仮に戦争にまで発展すると、多くの犠牲者が出ることになるだろう。そう、はじまりは簡単なのだ。台湾海峡、南シナ海、尖閣諸島、竹島領海周辺、あるいはそのほかの紛争地域で偶発的に衝突が起きることも十分に考えられる。子どもの頃のわたしには想像できなかったような、戦争の危機を身近に感じられる時代がやってきたのだ。

ロシアによるウクライナ侵攻が起こり、中国をはじめ専制主義が世界中で拡大し、欧米などの民主主義国でも暴動や激しいデモが頻発し、人々の心は荒《すさ》んでいる。世界が分断されるなか、日本は〝とりあえずの安心安全〟のためにアメリカに追従するしか当面の選択肢はないように思える。

わたしはそんないまの世界の状態を見ていると、絶望感を抱かざるを得ない。ほんの30年前、冷戦終結時には想像もできなかった、生きているのが悲しくなるような時代——。人類はいまも愚かだった。実はなにも進歩していなかったのだ。

現代とは、ディストピア※11である。

日本というガラスの城

もちろん、不確定な事態が起きたときにどう対処するかを、人類は平時からいろいろ考えてきた。わたしたち日本人はそうした不確定性を下げ、安心安全な社会をつくることにかなり真面目に取り組んできた国民でもある。

平時からミクロな現象に気を配り、小さな問題を解決することが日本人は得意である。それがいいほうに出ると、安心安全な社会を実現することができる。実際、日本の社会にはそんないい面がたくさんある。

しかし、パンデミックのような大波がきたときの、全体俯瞰的な対処は脆《もろ》い。わかりやすい例を挙げれば、パンデミック当初、日本ではマスクや消毒液が欠乏した。なぜ先進国の日本でマスク1

※11 ユートピア（理想郷）の逆。逆ユートピアともいう。イギリスの政治家・思想家であるトマス・モアの著書『ユートピア』（1516年）で使われた言葉。ユートピアは、ギリシア語の「ou」（ない）と「topos」（場所）、接尾語の「ia」を合わせた言葉なので、ユートピアの原義は「ない場所」。ディス「dis」は悪い、不幸な、災害のという意味なので、ディストピアは「悪い場所」となる。

枚手に入らなくなったのかといえば、高度な効率化社会だからだ。無駄を排して、在庫を徹底的に減らし、ギリギリまで切り詰めて利益を上げようとしていた結果、レジリエンス[※12]の低い社会になっていた。そのため想定外の事態が起きると、需要に対して供給が追いつかなくなる。数カ月経ったのちにようやく〝布マスク〟が国民1住所あたり2枚配布される有様であった。これだけ経済成長に邁進してきたのに、最低限の生活基本物資すら手に入らない。これが、わたしたちがつくり上げてきた安心安全な社会の現実である。

日本は、いわばガラスの城のような国といえる。無駄をなくし、精緻《せいち》で美しい城をつくり上げてきた。微に入り細に入り、安心安全を目指した。しかし、想定外の事態によって土台のどこかが少し揺れたら、それだけで全体が瓦解してしまうのだ。これはもちろん、パンデミックに限らない。世界中にインターネットが普及し急速にＩＴ化が進んだ約25年前もそうだった。つまり、新たな変化への対応が遅いのである。木を見て森を見ない緻密過ぎる社会は、根本的な変化（パラダイムシフト）に対して脆い。

現在もＡＩをはじめ新しいテクノロジーが続々と現れているが、日本はＩＴ革命後も相変わらずミクロな問題ばかりを考えてきたためか、土台が揺れているのに対処ができず、科学技術やテクノロジーの面で世界から置き去りにされてしまった。

緻密過ぎる社会の課題は、どこかに手を入れるとすぐにほかの分野に影響が出るため、パッチワークのように継《つ》ぎ接《は》ぎだらけのシステムをつくってしまうことだ。しかも、そうとは気づかないくらい、表面的には美しい。継ぎ接ぎに忙しいので、そもそもの土台にまで目が行き届かず、土台の

※12 復元力、回復力、弾力。「困難な状況にもかかわらず、しなやかに適応して生き延びる力」という心理学的な概念として使われることが多い。個人だけでなく、企業や組織、社会システムなど、社会のあらゆるレベルにおける危機管理能力としての意味でも使われる概念。

頑丈化が疎かになる。細かい改善ばかりを繰り返した結果、時代遅れの土台の上に、まるで精巧な模型と見紛《みまご》うほどの社会をつくり上げてしまう。

それゆえ、経済成長を果たし、もっとも安心安全かつ健康長寿な国をつくったと思ったら、肝心なときに国民の命を守れないという事態が起きる。

いや、今回のパンデミックにおいて、日本はほかの先進諸国に比べて被害は少なかったと反論する人もいるだろう。日本人は〝民度〟が高く、緻密で安心安全な社会をつくってきたからこそ、被害を最小限に抑え込めたのだと――。

確かにそういう面はある。きちんとマスクをつけて、手指を消毒し、身体接触を避けるという安全対策を、日本人は世界的に見て高いレベルで徹底したといえるだろう。しかし、これは日本人が優れていたからというよりも、そうした無意識的な特性が風土によって培われただけということもできる。

東アジアでは、もともと温暖湿潤でカビやウイルスが増殖しやすい。身体接触をせずにお辞儀をするなどの東アジアの慎重な触れ合いの文化は、そんな生活環境のなかで何千年もかけて淘汰を繰り返した結果として、無意識的に育まれてきたと考えられる。一方、ヨーロッパは低温低湿であり、身体接触がカビやウイルスの増殖に寄与しにくい風土だったから、ハグをしたりキスをしたり手を握ったりする文化が無意識的に育まれたのである。

つまり、日本人の〝民度〟が特段高いのではなく、古来わたしたちがつくり上げてきた慎重な文化が、たまたま新型コロナに対して有効だったと考えることもできるのである。

長年、温暖湿潤の環境に対処してきた結果か、災害の多い風土に適応してきた結果か、日本人は「心配性遺伝子」を持っている者が多いことも知られている。日本人はセロトニントランスポーターSS型[※13]（本書では「心配性遺伝子」と呼ぶ）を持つ人が世界的に見てかなり多いといわれているのだ。

当初、緊急事態宣言や「自粛要請」が効果をあげたのは、不安感情を抱えやすいこの特質が活かされたと見ることができる。逆にこの性質がネガティブな方向に出ると、心配になり過ぎて極端な日常生活品の買いだめをしたり、孤独感や自殺死亡率が高まったりという結果にもつながる。

実際、コロナ禍において自殺死亡率は上昇した（厚生労働省自殺対策推進室、警察庁生活安全局生活安全企画課「令和2年中における自殺の状況」）。みんなでマスクをして一生懸命に危機に耐えた結果として、一部の者が孤独感に苛まれて自死したのだとすると、わたしたちはなんのために心配性遺伝子を持っているのかと考え込まざるを得ない。

生命の危機を心配すること自体は悪いことではない。しかし、心配し過ぎて命を絶っては元も子もないではないか。心配しがちなわたしたちは、心配し過ぎない社会をつくるべきなのだ。

「自己否定」から「第二の敗戦」へ

もともと人間には孤独になると不安になりやすくなる性質があるが、心配性遺伝子を多く持つ日本人は、なおさらであった。文化心理学[※14]には、個人主義[※15]と集団主義[※16]という考え方がある。日本人は、個人主義的に個人の力を頼りに生きるよりも、集団主義的に、みんなで群れて村をつくり、助け合

※13　これまでの研究によって、人が抱く不安感情の大小には脳内の神経伝達物質セロトニンが関わっていることがわかっている。セロトニンの分泌量を左右するのがセロトニントランスポーター遺伝子で、分泌量の多いL型と分泌量の少ないS型がある。その組み合わせでLL型、SL型、SS型の3つに分かれ、脳内のセロトニン濃度はLL型がもっとも高く、SS型がもっとも低いとされる。

※14　文化によって人間の行動や心性がどんな影響を受けるか、人間はどのように文化をつくり出すか、人間の生得的な性能と文化の過程とはどんな相互影響を及ぼし合うかといった問題を扱う心理学的研究分野。主に、文化一般の問題（とくに宗教や芸術、言語の成立と機能など）を扱う。

い、慰め合うことによって生き延びてきたといえるのではないだろうか。

日本は自然災害が多い島国であり、自分たちのコミュニティだけで多種多様な問題を解決しなければならなかった。国をまたぐ移動や移住が難しかったからである。農業にたとえていえば、代々受け継いだ田んぼの水や畑の作物のことをみんなで心配し、みんなで力を合わせて生きていける人だけが生き残ってきた国。それが、日本である。

村は過干渉な社会であった。干渉し合い、心配し合う社会をつくることによって、日本人は生き延びてきた。そのため、人様の前で目立つことをよしとしない、いわば「出る杭は打たれる」行動様式をかたちづくった。同調圧力の強い社会である。


ところが近代化以降、明治維新と戦後復興を経て、個人が独立して生きるのをよしとする欧米型の価値観を急速に取り入れた。1960年代の高度経済成長期以降、村社会の様相は一変する。それまでは家族や親類との距離感が近く、地域には祭りなどの行事がたくさんあり、近所に世話焼きのおじちゃんおばちゃんがいつもいるような過干渉な社会で生きていた日本人の多くが、生きていくために産業（仕事）のある都会にひとりで出てきて、働き、暮らすようになったのだ。

お節介な人がいなくてせいせいする自由と解放感。村社会を出て本来は孤独なはずなのに、高度経済成長期は働けば収入が増え、みんな豊かになれたので、心が寂しくなることは少なかったかもしれない。多くの人が同じ立場である中間層を形成し、年功序列と終身雇用を採用した会社が擬似的に村の役割を果たしてくれたわけだ。表面的に欧米型を取り入れながらも、良くいえばみんなで力を合わせて助け合って働き暮らす社会、悪くいえば同調圧力の強い社会が続いた。

※15 個人に対して、対人関係や集団などの社会関係が持つ影響力が弱く、個人の自由度が社会で優勢な文化。個人の目標達成や独自性、個人が物事を主体的にコントロールすることを重視する。

※16 社会関係の影響力が強く、個人の選択や行動の自由が社会で制限されがちな文化。個人は他者との関係性のなかで意味を持つ社会的存在とし、自分が所属する集団をそれ以外の集団よりも重視する。

給料も物価も毎年上昇し、経済成長によって日本の価値がどんどん上がっていき、希望に満ちていた。「一億総中流」とも、「エコノミック・アニマル」ともいわれた時代だ。

だが、バブル崩壊後経済が停滞しはじめると、ことは経済の問題にとどまらなかった。盤石と思われていた会社が次々と潰れ、同時に擬似的な村社会であった会社は、その存在意義を見失っていくこととなる。多くの日本人が、都会や郊外で孤独に生きる自分にはじめて気づくようになったのだ。

このとき、かつての日本社会のいい面や特質をあらためて見直し、再評価して、うまく取り戻そうとすればよかったのかもしれない。

しかし、実際に行われたことは、まったくの逆であった。

そこで行われたのは、壮大な「自己否定」だった。

「家族主義みたいな中途半端な経営をしているから日本はダメになった」

「欧米型の能力主義に基づき、業績を出した人材だけを引き上げるべきだ」

「個人主義を徹底し、自己責任の精神を根づかせよ」

「非正規雇用を増やし、会社経営を合理化せよ」

アメリカの新自由主義に追従するかたちで、自らが持つ「心配性」な性質を顧《かえり》みることなく、引っ込み思案の日本人はさらに弱肉強食の世界へと猪突猛進していったのだ。日本人は孤独に弱い性質を持つにもかかわらず、さらに自らを孤独にするような、自分たちに合わない「不安社会」をみんなでせっせとつくってきたのである。

こうして「失われた30年」と呼ばれる時代に突入し、日本を代表するような企業の倒産が連鎖した1998年を境に、自殺死亡率が急激に増加に転じる。

要するに、明治維新から戦後にかけての、日本らしい家族主義的な発展によって、経済は欧米諸国に追いつき、いったんは追い抜いた。しかし、バブル崩壊で行き詰まると、「もっと欧米型の経済（とりわけ新自由主義）や価値観を徹底させなければ」という間違った方向に猛進してしまった。すなわち、リストラを断行したり派遣社員を増やしたりするなど、やること為すこと不幸せになる〝合理化〟に突き進んだというわけだ。派遣社員をはじめとする非正規社員は生活が安定せず、正社員の団結感もなくなる。その状況で、「イノベーションを起こせ！」「リーダーシップを発揮せよ！」と叫ばれる。しかし、そんなものはたったひとりで起こせるわけもなく、孤独な日本人はどんどん不安になっていった。

みんなで力を合わせて働いた時代の経済成長の果実をほとんど失い、リターンもないのに「ひとりで頑張れ」「失敗したら自己責任だ」といわれる不安社会に陥っていったわけだ。

それが、「第二の敗戦」といわれるゆえんである。

不幸化する日本

「失われた30年」と呼ばれる時代、経済的な事情により社会からこぼれ落ちていく人たちが激増した。若者や女性など立場の弱い者を採用減や人員整理のかたちで切り捨て、企業はなんとか生き残りを図ったが、正社員であっても成果を出せずに窓際に追い立てられる人が増えた。就職難、派遣切り、リストラ、ブラック労働などが社会問題となり、多くの日本人が仕事でも家庭でも追い詰められていく。

企業や社会から切り捨てられ、そのまま復帰できなくなった人が無業者やひきこもりとなり、企業で働いていても追い詰められて精神疾患になる人が急増した。また、この頃から地域によっては治安が少しずつ悪化し、これまであまり見られなかったような異常な事件が頻発するようになる。

こうした日本社会の闇の部分は、ほかの国々とは異なり、社会運動や暴動のかたちでは現れにくい傾向がある。外の世界に向けて発散されない分、見えない闇が内へ内へと鬱積していく。これは、心配性遺伝子を持つ者の多い日本人の特徴なのかもしれない。

先に述べたように、かつての村社会では身のまわりにちょっとうっとうしいくらいのお節介な人がたくさんいた。働いていない人がいたら、世話焼きのおばちゃんがおにぎりを持って「これ食べなさいよ」とやってきたり、「暇ならこの仕事やる?」と親戚や近所の人が仕事を斡旋してくれたりもした。過干渉な社会がセーフティーネットになっていた側面があったのだ。地域には自治会や町内会をはじめコミュニティが存在し、たとえひとりで生きていても、簡単には孤独に陥らない仕組みがあった。

現代はどうだろうか? ひとりで部屋にこもり、どんどん不安になって、なにも打つ手がない人が無数に存在する。なぜなら、「失敗を許さない社会」「一度転んだら復帰しづらい社会」をつくってしまったからだ。

いったんひきこもりになると、「自分はなにもできない」という無力感を覚える毎日のなかで、話せる人もいない状況が長引き、どんどん孤独の方向へと進んでいく。そうして、「自分は生きるに値しない」と思うようにもなっていく。10代から60代に至るまで、いま日本中で110万人以上もの人がひきこもりだとされる。※17

しかし、彼ら彼女らを救うための有効な制度は十分には用意されていない。

2019年には農水省の元事務次官が、自分の身を暴力から守るために無職の息子を殺害するというショッキングな事件が起きた。逆に、自分の身を守るために親を殺害する事件も後を絶たない。

最近では、SNSでの誹謗中傷を苦にした自殺者も増え、メディアの過熱気味な報道も相まって社会に不安感が高まっているように思える。もともと報道は注意喚起のためにある。ネガティブな出来事を取り上げることは報道の重要な使命であるとはいえ、偏った報道姿勢への憤りを感じる人も少なくないのではないだろうか。

世の中には、ネガティブなことと同じくらいポジティブなこともあるはずだが、残念ながらそれでは視聴率やページビューを稼げない。そのためもあってか、痛ましいニュースは繰り返し流されがちだ。そんなニュースを、社会からこぼれ落ちそうな人や孤独な人が見たら、孤独感や不安感は募るばかりではないか。

こうして、何十年もかけて積み重なってきた不安によって社会には閉塞感が漂っている。これはいわば、不幸化社会である。いま人々の心に襲いかかっている不安や絶望は、なにもパンデミック

※17 自宅に半年以上閉じこもる「ひきこもり」は、40〜64歳で推計61万3000人となり、7割以上が男性、期間は7年以上が半数近くを占める（内閣府「平成30年度 生活状況に関する調査」）。また、15〜39歳は推計54万1000人（内閣府「平成27年度 若者の生活に関する調査報告書」）。

を機に大量発生したわけではない。ここまで見てきたように、いまのような風潮は何十年も続いていたのだ。

個人の主観的な幸福度を平均値で表す「世界幸福度ランキング」(World Happiness Report)の2022年版によると、日本は54位。これは、主要先進国中で最低という順位である。高度経済成長期に目指した物質的な豊かさが失われ、そこからの転換もうまくいかず、多くの人が不安に陥っているのがポストパンデミック時代の日本社会である。

そして2022年現在、経済的格差はますます拡大し、貧困状態で暮らす子どもが6~8人にひとりという状態が続いている。現役世代のみならず、将来世代へも課題が残る不幸化進展社会である。

多様なセーフティーネットがチャレンジを促進する

そんな時代を生きるいまの若者たちは、「夢がない」とよくいわれる。

しかし、わたしが学生や若手の社会人たちと話していると、一概に夢がないとは感じない。「社会を良くしたい」という者から、「大金持ちになりたい」という者まで多様である。ただし、自分はなにが好きでなにが得意かわからない、なににワクワクするかわからないという者が一定数いることも事実だ。彼ら彼女らは、社会の見えない圧力を敏感に感じ取っているのかもしれない。

若者が好きなことを見つけられないというとき、それは若者が悪いのではなく、そうさせてしまった社会に責任があるというべきではないか。不安社会の実情や、不安な時代の空気が、彼ら彼女らをそうさせているからだ。

わたしが学生だった頃は、大企業に就職するか官僚になるのが「エリート」とされていた。わたしは起業したいと思っていたのだが、現実にはどうすればいいかさっぱりわからなかったので、その思いを表には出さなかった。就職する頃、わたしには夢や目標はあった。資源のない日本が世界に伍《ご》していくために、エンジニアになって優れた製品を世に出したいと思っていた。しかしいま思うと、それは本物の夢や目標だったのかどうかわからない。時代がわたしに画一的な夢や目標を思い込ませていたのではないか。「夢や目標が見つからない」といういまの若者のほうが正直なのではないか。

わたしが若かった頃は、就職すれば終身雇用が多数派で、仕事に多少嫌なことがあっても我慢すれば生きていくことができた。給料は年功序列で上がっていった。いってみれば、なにも考えなくても生きていけた時代だったのだ。そんな世代の大人たちが年をとり、「最近の若い者はなにも考えていない」「夢も目標もない」などというのはおかしい。もし、若者が本当になにも考えていないのなら、それはなにも考えないで生きてきた世代の人間が教育したからではないのか。

いまの時代は、わたしの若い頃に比べれば格段に自由度が増した社会である。会社組織に属さなくても働いて生きていけるし、個人事業主や起業の事例も多様化している。ユーチューバーや投資家など、多様な働き方をする若者もたくさんいる。あきらかに、むかしに比べて選択肢の多い社会である。だから、自らの力で決断し道を切り開いていく若者も少なくない。しかし、多くの人がそうはできずに苦悩している。なぜだろうか？

理由のひとつは、セーフティーネットの多様化が不十分だからではないだろうか。選択肢が増えた自由な社会のなかで、能力を活かして起業したり、個性的な生き方をしたりする若者は、自信と個性と人的ネットワークを築いた者である。一方、乗り遅れた多くの若者はそんな生き方を見つけられず、「自分はダメなのではないか」という気持ちに陥っている。

本来なら、少子高齢化によって先細るばかりの社会保障だけでなく、社会からこぼれ落ちそうな者を救う仕組みを積極的につくるべきである。シェアリングエコノミー※18の拡充や、累進課税を用いた再分配の徹底、福祉制度の充実、ベーシックインカムの導入など、可能性のある施策は少なくない。また、起業したり個人事業主として個性的に働いたりする者に向けた組合のような、セーフティーネットもあるべきだろう。コレクティブハウス※19やシェアハウスのような住み方もある。いろいろな議論やアイデアがある。

救うべきは、社会からこぼれ落ちそうな者だけではない。

いわゆる「普通の人」にも手を差し伸べるべきである。

自分は「普通の人」だから起業や社会貢献活動、そのほかの個性的な活動などできないと思い込んでいる多数の者が、日本には何千万人もいることを忘れてはならない。人口の過半数はこの層だ。不満はいろいろあるけれど、会社勤めをしながらのささやかな給料には一定の安定感がある。本当は一歩を踏み出したい気もするがリスクが大き過ぎる。なにからはじめればいいのかわからない。そのように感じている層が一歩を踏み出すための、セーフティーネットの拡充が不可欠である。

どうすれば新しい活動をはじめられるのか？　誰と知り合えばいいのか？　資金調達はどうすれ

※18　乗り物、住居、家具、服、サービスなど、個人所有の資産等を多くの人と共有・交換して利用する社会的な仕組み。または、貸し出しを仲介するサービス。

※19　親しい人々で生活を共同で行うライフスタイル。住居には、共同の食堂や育児室などを持つ。居住者は時間や金銭的負担が軽減され、孤独感からの解放やセキュリティ上の安心感も得られる。スウェーデン、デンマーク、オランダなどで広がる。

ばいいか？　法人はどうつくるのか？　失敗したときのリスクヘッジはどうすればいいのか？　そこにはやるべきことがたくさんある。

情報を集約してシェアする仕組みも必要だろう。講、保険、クラウドファンディング、株のように、みんなでお金を出し合って、あるいは出せる者が出して、助け合う仕組みを構築することも必要である。やる気の醸成や応援の仕組みも必要である。失敗を非難する風潮を払拭するマインドの転換も必要である。大多数の一般の人々の多様な夢や志に対応した、多様なセーフティーネットが必要なのである。

だが、国には財政赤字をはじめとする多くの課題が山積しており、マジョリティーのニーズにまで手がまわらないのが実情である。民間の側も、大多数を救うための方法はまだ模索中というべきだろう。

日本はとくに１９８０年代より、アメリカをモデルにした小さな政府を目指してきた。小さな政府とは、きめ細かい多様な援助を切り捨てる方向の政策である。アメリカには、政府が小さい代わりに、アメリカ流のサクセスのチャンスがある。政府も小さいが、規制も小さい。だが、民間の資金は大きい。成功するチャンスと、失敗してもやり直せるチャレンジ精神に溢れる国をつくったのがアメリカなのである。

関連して、２０２０年のアメリカの起業数をニュースで見て驚いたことがある。４４０万件と、過去最高水準であったという。なんと、コロナ禍中の1年間で、アメリカに住む人の75人にひとりが起業しているのである。

かたや日本では、成功するためのマインドの醸成や、民間のサポートシステムを構築することなくアメリカの真似をして政府だけ小さくしたことも影響してか、結果としてイノベーションの起きにくい閉塞社会に陥っている。QuickWork社のレポートによれば2020年の日本の起業数は約13万件と、アメリカよりもはるかに少ない。コロナ後の新しい世界で、どちらの国がより優れた新産業を創出するかは、数字だけ見てもあきらかだろう。

民間も、国も、大多数の国民が新しいチャレンジをするためのセーフティーネットをいかにして構築していくか――。このことが、これからの日本の鍵となる。その鍵のひとつは、「ウェルビーイング産業（幸せ産業）」である。

次節ではこのことについて述べよう。

「ウェルビーイング産業」への転換を

経済成長に邁進し都市化を推し進めた高度成長時代と、その後の長い低成長時代。その結果、多くの人が孤独感を抱き、精神疾患も増加している。

「孤独」は、世界中で見られる現代病だといわれる。このためイギリスでは、2018年に「孤独は現代の公衆衛生上もっとも大きな課題のひとつ」と国をあげて取り組む問題とみなし、世界ではじめて孤独担当大臣を任命したことが脚光を浴びた。2023年までに全国の健康医療システムに「社会的処方」を適用する方針を決め、孤独な人に対して「リンクワーカー」がニーズに応じた地域活動への参加手配やケアを受けられるようにするという。

日本も、2021年に「孤独・孤立対策担当室」を設置し、孤独・孤立対策担当大臣も設けた。貧困に陥った人に対しては生活保護などの支援制度があるが、孤独状態に陥った人に対する具体的な施策はこれからだ。

60歳以上を対象にした日本での調査によると、「家族以外の親しい友人がいない」と答えた人の割合が31・3パーセントと約3割にものぼる（内閣府「第9回高齢者の生活と意識に関する国際比較調査」）。そして、年々その数は増えている。人々の幸福度を高めるためには、なんらかのかたちで人とつながって安心できる機会を設けることが重要である。しかし、そんな仕組みもまだ十分ではない。

心の不調に対するケアが求められている。心の不調に対する医療費の助成はあるが、精神科医や臨床心理学の専門家が、診療やカウンセリングなどを通じて心の不調者をサポートする体制をより充実させるべきであろう。

さらにいうと、健康な人への心のケアも望まれる。体の病気のための医療とその予防、心の病気のための医療とその予防という分類で、この4つを比べてみるとあきらかである。体の病気の医療に対応して、体の病気を予防する予防医学がある。体の予防医学を取り巻く産業に、健康産業がある。一方、心の病気の医療に対応して、心の病気の予防医学があるべきで、それを取り巻くウェルビーイング産業があるべきなのだが、これが進展していない。

健康産業とは、健康食品・機器の製造販売や、フィットネスクラブをはじめとする産業である。

体の病気にはなっていない人のための健康産業は無数にあり、健康増進のための様々な機会が提供されている。ところが、心の不調者のための医療体制はあるものの、心の病にはなっていない健康な人のための予防医学と、健康産業に相当する「ウェルビーイング産業」はいまだ十分に発展していないのである。

心の予防医学に相当する学問として、1998年に創設されたポジティブ心理学[※20]という分野がある。これは、うつ病の研究者だったアメリカの心理学者であるマーティン・セリグマン[※21]が、アメリカ心理学会会長だったときに、「心理学はネガティブな心の状態の人たちだけでなく、ポジティブな状態の人の心をさらに良くしていくためにも活用すべき」と述べてはじめた分野だ。まさに、心の予防医学の萌芽《ほうが》である。

目標を立てたり、人生の意味について考えたり、人間関係を構築することの必要性を説くなど、調査研究と実践活動が積み重ねられている。ポジティブ心理学では、ウェルビーイング（幸せな心の状態）とフラリシング（繁栄した心の状態）が目標とされる。これまでは哲学や思想・宗教の対象であった「ウェルビーイング（幸せ）」が、科学の対象となったのである。

国際ポジティブ心理学協会（IPPA）には、心理学者や臨床心理士をはじめ、世界中の研究者や実践者が集まっており、心のケアや「幸せになる」というテーマについて何百人もの者が議論を重ねている。つまり、「みんなでもっと幸せになろう」という研究や実践が積み重ねられており、それらの知見が、先のイギリスの孤独担当大臣の政策などにもつながっているといえるだろう。より良い社会を実際につくるための足掛かりとなっているのだ。

※20　幸福感や希望、共感など、人間のポジティブな側面を研究する心理学。多くの人が充実した人生を送れることを最終目標とし、その過程を研究・実践する領域。研究対象は、幸福感、希望、共感、至高体験、向社会的行動、創造力、自尊心、個性、感謝など多岐にわたる。

※21　アメリカの心理学者。うつ病と異常心理学の世界的権威であり、学習性無力感の研究がもとでポジティブ心理学の創設につながった。1998年にアメリカ心理学会会長となる。ペンシルベニア大学にポジティブ心理学センターを創設した。

日本にも日本ポジティブサイコロジー医学会があり、心の予防医学としてのポジティブ心理学の可能性が議論されている。

これらの延長線上には、健康産業と同様にウェルビーイング産業があるべきであろう。健康産業は、医療福祉産業のみならず、食品、家電、スポーツ、フィットネス、研修、公共事業など、多様な分野に広がっている。経産省の推計では、ヘルスケア産業は2025年には約33兆円に達するという見立てがある。同様に、ウェルビーイング・ウェルネス産業は、食品、家電から公共事業まで、多くの分野を含むため、健康産業以上に拡大するだろう。要するに、やりがいやつながりを促進し、幸せにいきいきと生きるための産業である。

一例として、アメリカでは、人との対話を促して自己の肯定感を上げていく「コーチング」が盛んだ。企業のCEOやスポーツ選手を顧客にする、エグゼクティブコーチングも広まっている。専門家の力を借りて幸せやウェルビーイングに向かっていこうという考え方が、社会のなかで共有され、支持されているのだ。

欧米は、国によっては格差や歪みの大きい社会をつくり上げた面はあるものの、同時に、多様性のある社会を維持するための多様な制度づくりや民間の活動も盛んである。一方、日本社会では健康産業もウェルビーイング産業も未だ萌芽的である。

さらに歯に衣着せずに述べるなら、わたしは、全産業がウェルビーイング産業になるべきだと考えている。詳細は、2021年に書いた前野《まえの》マドカ氏、保井俊之《やすいとしゆき》氏との共著論文「ウェルビーイングを陽に考慮したシステムデザイン方法論」(『日本システムデザイン学会誌』)に譲るが、概要は以下の通りだ。

すべてのモノづくり（製品づくり）・コトづくり（サービスづくり）・人づくり（教育）・組織づくり（職場づくり・コミュニティづくり）・町づくり・政策づくりは、本来、人々のウェルビーイングのためのものである。つまり本来、人類のすべての活動はウェルビーイングのためのものなのだ。

そうであるならば、暗にそれらの活動によって人々のウェルビーイングが向上することを願うのみならず、それらの設計（デザイン）のなかに、明示的に（陽に）ウェルビーイングを組み込むべきではないかという提案である。これが実現すれば、全産業はウェルビーイング産業に転換する。ウェルビーイング産業の規模は、全世界のＧＤＰの規模と同じであるべきなのだ。

自殺を「悪」と切り捨てていいのか？

先に、日本では１９９８年以降、自殺死亡率が急激に増えはじめたと指摘した。ただ、もっと視野を広げてこの現象を見ると、世界的に見ても日本で自殺が多い理由には、そもそも自殺という手段を選ぶまでの垣根が他国に比べて比較的低い面も影響しているのではないだろうか。

誤解しないでほしいのだが、わたしはけっして自殺という行為を擁護しているわけではない。そうではなく、これまで日本において「自殺」「自害」「自死」という行為がどう捉えられてきたのか、その事実を多面的に確認したいのだ。

日本人の精神性に大きな影響を与えた仏教においては、元来、座りながら食べ物を食べずに、そのまま死んでいくのが「悟り」[※22]の境地であり、むしろ理想の死に方とされていた。

　また、かつて日本には切腹の文化があった。人間の魂は腹に宿るとする考えから、腹を切って自死することは武士道を貫くうえで適切な行為とされ、主君に殉じる追腹《おいばら》や、義理上の詰腹《つめばら》など、様々な理由で切腹が行われた。

　もちろんこれらは過去の日本における考え方であり、現代の規範ではないものの、文化や思想は連続しており、過去から未来へとかたちを変えつつも受け継がれている一面はあるというべきだろう。


　一方、キリスト教文化では、人間の生死を決めるのは神とされ、命を粗末にする自殺は神から責任を問われ地獄に落ちるとする倫理観が染みついている。そのため欧米人にとって切腹は驚くべき行為となるが、前述の文脈を知る日本人から見るとむしろ忠義に殉じる英雄的行為と捉えることも可能である。

　厳密には調査してみないとわからないが、日本人は、自害に対し欧米人ほどの抵抗感を持っていない面があるのかもしれない。インド古来の考え方が仏教にも伝わった、輪廻《りんね》の思想の影響もありそうである。いったん人生をリセットしたら来世があると、心のどこかで感じる世界観が影響していないだろうか。

　つまり日本人は、「死にたくなったときは自ら命を絶つ権利があり、自殺もひとつの可能性である」と心のどこかで無意識的に感じているのではないか。このあたりの実感が欧米人とは抜本的に違うのではないか。

※22　修行によって迷妄を払い去り、自我的な人格から解脱して自由になって、生死を超えた永遠の仏教的真理を会得すること。

自殺に対する潜在的な価値観が欧米とは大きく異なるとすれば、一概に自殺死亡率の高さだけを取り上げて「だから日本社会は病んでいる」とみなすのも、偏った態度といえないだろうか。もっと根本に遡って、自殺は本当に「悪いこと」なのか、と疑ってみる余地があるのではないかと思うのだ。

たとえばオランダ、ベルギー、スイスといった国々では、重い病気になった人には「安楽死（死ぬ権利）」が法的に認められている。重病末期で余命が短いときなどに、患者には死ぬ自由があるのである。また、全容がすべてあきらかになっているとはいえないものの、精神疾患患者にも認められていて、その数は増えているとされる。

なぜ特定の病気なら自殺（安楽死・自殺幇助）が許されて、精神疾患患者だと曖昧な判断になるのか？　うつ病になって苦しむ人にも、本来死ぬ自由があっていいではないか？　もちろん、医学的な判断の難しさが関係するし、うつ病にならないための支援が大切なのはいうまでもない。だが、うつ病が死ぬほどつらい人に対し、死期の迫った一部の人と同じように死ぬ権利を認めるかどうか、まだ明確な答えが出ていない。

自殺願望と一部の精神疾患との相関が高いことは広く知られている。では、精神疾患患者の死ぬ権利が認められている国もあるのに、なぜ自殺の権利の議論になるのではなく、自殺は悪という社会通念が疑われないままなのか。

自殺は悪であると決めつけ過ぎるのではなく、むしろ生きたり死んだりする権利をすべての人に認める社会を構築すれば、つまり自殺は悪であると固定的に考え過ぎるのをやめれば、むしろ自殺が減る可能性もあるのではないか。

わたしは第2章で、「どうせみんないずれ死ぬのだから、100年後に死ぬのもいま死ぬのもたいして変わらない」という考えを提示する。極論すれば、現世は死ぬと終わるという視点から見ると、いま死んでもあとで死んでも、つまり、いま自殺しても長生きしても大差ない。

ならば、「どうせ大差がないなら、もう少し生きてみようか」と思えるのではないか。この議論については、第2章で深めることにしよう。

日本人が見落としがちな「無意識」の利他性

欧米諸国には、論理的に物事を考えて社会制度をかたちづくっていく伝統がある。近代日本も一見そのやり方に従っているように見える。

しかし、古来日本は感性の国であった。なにしろ、「春はあけぼの。やうやう白くなりゆく山ぎは、すこしあかりて、紫だちたる雲のほそくたなびきたる」(枕草子)と詠んでいた国である。「春は明け方がいいなあ。だんだん明るくなっていく山のあたりがすこし明るくなって、紫色の雲が細くたなびいているのがいいなあ」と、毎日の日の出に感動してきた国民である。

現代日本人の感覚としても、近代化以降に輸入した論理的思考やそれをもとにしたディベートなどに違和感や苦手意識を持つ人は、実は少なくないのではないだろうか。わたし自身も、欧米人と深く接した経験から、アジア人との類似点と相違点を意識せずにはいられない。個人主義と集団主義の違いは、個人差はあるものの、無視のできない差異であると思う。ステレオタイプに陥り過ぎないために補足しておくが、日本人全員が集団主義的なのではない。分析をしてみるとわかるが、日本人のなかには東アジア人に似て集団主義的な者と、欧米人に似て個人主義的な者がいる。

論理的に考えるのが基準の欧米人の視点から日本人のなかでも集団主義的な者を見ると、なにも考えていないように見えてしまう場合がある。もちろんおとなしい人もいろいろと考えているのだが、思考プロセスが異なるために、論理的に理解することが難しいのである。感性とは心の奥に無意識に染みついた感覚であり、「自分でもよくわからないが、なんとなく感じるもの」だからだ。

わかりやすい例を挙げると、「利他性」がある。

ステレオタイプとの誤解を恐れずに述べるなら、敬虔《けいけん》な欧米系のクリスチャンの場合、自らの行いは神が見ていて、他人に親切にすると天国に行けるとする「論理」が基本にある。一方、集団主義的な日本人の典型的なケースでは、なんとなく人様と違うことをしたら「恥ずかしい」から、みんなと同じように振る舞うことが多い。人を「個人」としてではなく、「みんな（仲間）」と見ているといえばいいだろうか。

ちなみに、「みんな」を英訳するとeveryone（すべてのひとり）である。一人ひとりの個人の集合が、みんななのである。日本語の「みんな」とはかなり意味合いが違う。言語自体が、個人主義的・集団主義的な違いを持つのである。もちろん、言語は思考を規定する。

個人主義と集団主義も、英語ではindividualismとcollectivismである。individual（個人）の語源は、in「否定」di「離れて」vid「分ける」al「こと、もの」。それ以上分けられないのが個人である。一方、collect（集める）はcol「一緒に」lect「集める」。一緒に集めてまとまるイメージである。個人主義はちょっと分割し過ぎではないの？　集団主義は仲間だけを選び過ぎではないの？　と皮肉をいいたくなるようなニュアンスのある言葉である。

欧米では、各人（すべてのひとり）が、誰かのためにドアを押さえたり、寄付したりといった自発的かつ主体的な利他行動を取ることが是とされる。一方の日本人は、そんな個の自立した主体的利他行動というよりも、自分でも意識しない気遣いの優しさが染みついていて、ちょっとしたことで無意識的に助け合ったり支え合ったりする。災害時における食料配布の際にも、きちんと行列を守れるのは、「みんなの迷惑になってはいけない」という感覚が染みついていて、それが結果的に「無意識の利他性」として表れるからだというべきではないだろうか。

つまり、強い個が自発的に利他行動を取る個人主義的な優しさと、みんなに迷惑をかけないことが無意識的な利他行動になる集団主義的な優しさは、根本的に構造が異なる。いずれも利他的で優しいので、どちらも悪くはない。悪い点があるとすると、集団主義的な優しさは自覚されていないために自己卑下的になる可能性がある点である。

「あなたは利他的ですか」というアンケートの結果を日米で比較すると、アメリカ人のほうがスコアが高くなる傾向がある。アメリカ人の多くは自分の利他性を自覚しているので「はい、わたしは利他的です」と答えるのに対し、日本人は自分の利他性を自覚していないので「わたしはあまり利他的ではありません」と答える傾向があり、単純比較すると日本人のほうが低評価になってしまう。

論理というのは論理が通じる範囲においてフェアに理解・共有されるものであり、その意味ではとても開かれたあり方だ。だが、日本人は欧米人が考え尽くして制度化したことを、あまり考えずに簡単に達成するようなことが起こる。たとえば、「行列を守らなければ罰金」というルールをつくらなくても、日本人は黙々と行列に並ぶ。まさにこれは、無意識の利他性である。

無意識の利他性は、意識されていないがゆえに、非利他と紙一重な面もある。一歩間違えると、みんなで一気によからぬ方向へ進んでしまう危険性があるともいえる。

しかし、たとえそうであっても、日本人の無意識の利他性は、意識的で論理的な利他性とは異なる新しい価値観を世界に提供できる可能性もあるのではないだろうか。これについては、第4章の「中心に無がある国、日本」の前後で考えることにしよう。

新型コロナウイルス感染症の拡大当初、日本では若者が変わらず街に出ていると非難されていたものだ。しかし、欧米の一部の国では桁違いに多くの若者が自暴自棄になって街中で騒いでいた。「家にいるのは嫌」という理由だけで、略奪や暴動まがいの行為に走った者もいたほどだ。逆に、日本では前にも述べたように、不安感・孤独感を抱いて家にこもっていた者も少なくなかった。

パンデミックのような想定外の事態への対応は、人間の〝本性〟が出るものである。

日本の反応は、「人様に迷惑をかけてはいけない」気持ちを持つ者が比較的多かったからではないか。つまり、「無意識の利他性」が心に染みついていた結果だと考えることができるのではないだろうか。

マスクも無意識の利他だ。人と違うことをするのは恥ずかしいとか、人に迷惑をかけては申し訳ないといったような様々な感情の結果として、日本のマスク着用率は国際的に見て格段に高い。人が見ていないときでも、マスクをしている人が少なくないのが日本だ。これが結果として、新型コロナウイルスの蔓延をかなり抑えた可能性がある。これは注目に値することだと思う。

「お年寄りや持病がある人のため」などと意識しなくても、良くも悪くも文化的な圧力により、つまり、マスクをしないことの気まずさや、後ろ指を指されることへの抵抗感から、マスクをする日本人。このような、日本の文化や風土に染みついた「無意識の利他性」が、ある意味では日本人の凄さなのではないだろうか。

「無意識の利他性」は、もしかしたらこれからの時代を生きる日本人の重要な特徴なのではないだろうか。

心はすべて、幻想である

ここまで、日本社会を覆う不安を打開するための手掛かりについて述べてきた。

もともと不安になりやすい性質を持ち、にもかかわらず不安になりやすい社会をつくってきた日本人。しかも、ポストパンデミック時代は、想定外の出来事があたりまえのように起こる「先の見えない」時代である。

しかし、ウェルビーイング産業という可能性を視野に入れれば、「先の見えない」時代にこそ明るい創造性に満ちた未来が開ける可能性についても述べた。

いやいや、自殺の問題を見よ。やはり未来は暗いのではないか、という視点も示した。

とはいえ、無意識の利他性を持つ日本には可能性があるのではないか、とも述べた。

けなしたり、おだてたり。どっちなんだ？　未来は、明るいのか、暗いのか？　そんな疑問が湧くかもしれない。

ここに、ネガティブな考えとポジティブな考えを一気に統合することのできる魅力的な考え方がある。わたしが20年近く前から考えてきた「心」のメカニズムについての考え方だ。それは賛否両論で、議論を巻き起こすことになるのは経験済みなのだが、結論からいおう。

心はない——。心はすべて、幻想である。

これがわたしの考えだ。この考えに賛同していただけたなら、ポジティブもネガティブも一気に、いい意味で無意味化する。なぜなら、ネガティブな考えもポジティブな考えも、幻想だからだ。その根拠の詳細は追々示すとして、そこに至った経緯から述べよう。

わたしはかつて、ヒューマンロボットインタラクション[※23]の研究をしていた。当時は以下のように考えていた。人間とロボットのもっとも大きな違い。それは心の存在の有無である。テクノロジーの進化とともにロボットにできることは次々と増えているが、人間とロボットの大きな分かれ目は、「ロボットは心を持っていない」ことである。もう少し詳しくいうと、心のなかでも意識にのぼる知覚や思考の実感である、「クオリア[※24]」の有無である。

クオリアは「意識の質感」ともいわれ、さらに「感覚的クオリア」と「志向的クオリア」に分けられる。

※23　人間とロボットの相互作用を研究開発する学問分野。ロボットが高機能化・自律化するなかで、人間と共生し安全に活動できるようなシステムの構築を目指す。

※24　たとえば、青空の「青く清々しい感じ」のように、感覚的・主観的な経験として感じる質感を表す概念。哲学（人文科学）と脳科学（自然科学）との接点となる概念でもある。

感覚的クオリアとは、目で見ている光景の実感、耳で聞く音の実感、触感、痛みの実感、味覚の実感、匂いの実感など、五感で感じた刺激を意識する主観的感覚のことだ。ロボットはクオリアを持っていないので、頭を叩くとプログラムに従って「痛い」というロボットがあっても、本当は痛みを感じているわけではない。また、カメラを内蔵したロボットは画像情報を取得して処理できるが、視覚の実感（視覚イメージ）を感じているわけではない。

つまり、ロボットは感じている「ふり」をしているだけなのだ。

人間はどうか。よくクオリアを説明するときに、「赤」という色の、言葉では説明できないあの「赤い感じ」などと表現される。いきいきした赤色であろうと、沈んだ赤色であろうと、その「赤い感じ」を感じる主観的体験そのものが、感覚的クオリアだ。

それは、実際に赤い色を見せることでしか説明できないものだ。赤という色を科学的に説明しても、それは機能の説明に過ぎず、わたしたちが心のなかで主観的に感じる、赤色のあの「赤い感じ」の説明にはなり得ない。

もちろん、わたしたちが赤い色の感覚的クオリアを感じるのは、光受容体（錐体《すいたい》細胞）と脳神経細胞のネットワークが、周波数４００テラヘルツ付近の電磁波を「赤い色のクオリア」に変換するからであり、外の世界に「赤色」が存在するわけではない。

一方の志向的クオリアとは、わたしたちの「心のなかのなにかに向けられている」ときの感じを指す。たとえば、いま多くの人が不安とともに生きているとする。その理由はそれぞれあるだろうが、例として「死」の不安について考えてみよう。

死について想うとき、死という言葉の意味やイメージが思い浮かび、死に関する記憶が想起される。ぞっとする「怖さ」の感じや、自分もいつかは死ぬのだと感じる「不安」の感じ、この世を去った大切な人の死に対する「寂しさ」の感じ。これらに対して意識が向けられる。このような心のなかのなにかに向けられるクオリアが、志向的クオリアである。

そして、ロボットはこちらも感じることができない。死という言葉を聞くとなんらかの感情的な表現をするロボットはつくれるが、それはそうプログラムされているからそう演じるだけだ。しかし、人間の心には、死という概念が持つなんとも重苦しいような、悲しいような、不安になるような感じが鮮やかに浮かび上がる。この感じが、死についてのクオリアである。

死の裏返しは「生」である。もちろん、わたしたちはいきいきと幸せに感じる生のクオリアも持っている。喜び、楽しみ、感謝、有り難さ、達成感、満喫感、自己肯定感のクオリア。だからこそ、人間として生まれて以来持っているこのいきいきとしたクオリアを、わたしたちは失いたくないと感じる。これが、「死にたくない」という気持ちだ。わたしたちが死にたくないのは、生のクオリアを失いたくないからなのだ。

しかし、人間の心にいきいきと湧き上がるクオリアも、わたしはすべて幻想だと考えている。クオリアがすべて幻想であること、それはすなわち、「心はない」ということだ。

意志決定の10秒前に「無意識」が決定している

「そんなはずはないだろう。わたしはいま目の前にあるリンゴの赤色を感じているし、死について考えるとなんともいえない不安な感じになる。だから、心はここにある」

そう思う人は実際のところ多い。もちろんわたしも主観的にはそう感じる。だが、それは幻想だとわたしは考える。主観的体験から演繹《えんえき》して考えるとクオリアはあたかも実感を持って存在しているように感じられるが、客観的事実から帰納するとクオリアは存在しないと考えるべき研究結果が世界中に大量に蓄積されているからだ。

たとえると、クオリアは「逃げ水」のようなものである。逃げ水は蜃気楼の一種で、そこに実際に水があるわけではないのに、わたしたちには主観的にはあたかもはっきりと水があるように見える。しかし客観的に計測してみると、本当は、ない。クオリアも同様であり、これから述べる客観的・科学的事実によって、その存在は否定されるべきだと考えられる。

有名な実験をいくつか紹介しよう。1983年、アメリカの神経生理学者であるベンジャミン・リベットは、わたしたちの意識下の「自由意志」が指や腕を曲げようと意志決定する0・35秒前に、無意識的な意志決定（運動野の神経の発火）が行われている事実を発見した（『マインド・タイム 脳と意識の時間』岩波書店）。

まず被験者が「指を曲げよう！」と思った瞬間の時刻を、特殊な時計で計測する。次に、指を動かすための筋肉に指令を出す運動野の神経発火を電極によって計測する。すると、後者の「無意識的」な筋肉への指令のほうが、約0・35秒早かったのである。

これはつまり、わたしたちは自分の意志（「指を曲げよう！」）がはっきりといまここにあるように感じるものの、本当は意識される自由意志が意志決定したのではなく、それよりも0・35秒前に、脳の別の部位であらかじめ決定されているということだ。

0・35秒とはわずかな間隔だと思われるかもしれない。だが2008年、『Nature Neuroscience』に発表されたスーンらの論文「Unconscious determinants of free decisions in the human brain」では、ある条件下においては、わたしたちが意識的に決定する7秒から10秒も前に、無意識的な意志決定が行われているという研究結果が発表されている。

実験では、コンピュータスクリーンに表示された文字を、被験者に任意の瞬間に選ばせて、そのときの脳活動を測定した。すると、「どちらの手でボタンを押すか」という意志決定が起きる約7秒（最長で約10秒！）前に、前頭葉の前頭極が活動し、その時点で被験者がどちらの手でボタンを押すかを予測できたという。

わたしたちはなにをするときも、自分の意志によって行っていると「実感」している。わたしたちが心のなかに、ありありと存在すると感じる意志決定のクオリア。自分で物事を判断し、決定している「感じ」。しかし、そんな自分の決定を意識する約10秒も前に、わたしたちの判断は、実際は脳の別の場所であらかじめ「無意識的」に行われていたのである。

この客観的な実験結果を受け止めるなら、意識される自由意志は幻想だと考えざるを得ない。自由意志も志向的クオリアも、感じているその瞬間には本当はないのだ。あらかじめ決められたことを、自分がいまやっているかのように感じているだけなのだ。

わたしたちは、たまたま人間に生まれただけ

では、自由意志や意志決定ではなく、いま目の前にあるリンゴの「赤い感じ」を感じる、あの感覚的クオリアはどうだろうか？　これも確実にあるように感じる。しかし実は、この感覚的クオリアも幻想である。様々な客観的事実がこれを裏づけている。

たとえば視覚。「クロノスタシス」と呼ばれる現象をご存じだろうか。これまでどこか別のところを見ていて、急に時計の針に目を移したとき、1秒間隔で動いているはずの秒針が、どういうわけか1秒以上止まっているように見える現象だ。

このメカニズムを説明すると、人間の目にはつねに細かな眼球運動があり、眼球が動いているときの画像はあらゆる物が流れているような画像となってしまう。そのため脳は、眼球が動いているときに送られてくる乱れた画像を無視し、その間の視覚情報を目の動きが止まったあとに得た未来の情報で埋め合わせているのだ。

すなわち、眼球が動いていたときの視覚情報は、眼球が動いていたときから0コンマ数秒後の、「未来の視覚情報」で置き換えられている。ある瞬間（眼球が動いているとき）に感じている視覚のクオリアは、実際はそのときの現実世界の情報ではなく、未来の情報だということである。

これは、先ほどの志向的クオリア（ここでは自由意志のクオリアとする）とは逆の状態といえる。わた

したちはいま、あたかもここに自分の自由意志があるように感じているが、実際は過去にすでに意志決定は終わっていたのであった。これとは逆に、わたしたちがいま見ていると思っている視覚のクオリアは、あたかもいまここにあるように感じているが、実際はほんのわずか先の未来の画像が遡って提示されているのだ。

つまり、「いま」も幻想だ。こんな奇妙なことが、わたしたちの日常ではごく普通に起こっているのである。

もうひとつ、リタ・カーターの著書『脳と意識の地形図 脳と心の地形図2』（原書房）から興味深い例を示そう。

それは、青い服を着た人の話だ。

青い服を着た人の画像をロボットに見せて、「青い服を着た人だ」と判断させるには、まず画像情報を入力し、その後プログラムによって認識させる必要がある。コンピュータは人間の脳よりも高速処理ができるとはいえ、プログラムが働いて答えを出すまでにはどうしてもタイムラグが生じる。ロボットは青い服を着た人を見た瞬間に、「青い服を着た人」と認識できないのだ。

ならば、人間はなぜ青い服を着た人を見た瞬間に、「青い服を着た人だ」と認識できるのだろうか？　実は人間もまた、青い服を着た人を見てから、「青い服を着た人だ」と判断するまでに、0・5秒もかかる。青色を判断するだけなら0・2秒ほどだが、人であることを判断するための情報処理に時間がかかるのである。

しかし、思い起こしてみてほしい。わたしたちは青い服を着た人を見た瞬間から0・5秒も経ってから、「青い服を着た人だ」と判断しているだろうか？　そんなことはない。主観的な実感としては、その人を見た瞬間に「青い服を着た人だ」と判断していると感じる。しかし実際には、青い服を着た人を認識するのは0・5秒後だ。これでは、わたしたちの行動一つひとつが、かなり間延びしてしまう。

それを避けるために、実はわたしたちの脳はその遅れた0・5秒を遡って、あたかも青い服を着た人を見た瞬間にそれを認識したかのような感覚的クオリアを〝捏造〟していると考えられる。

ある瞬間に見ていると感じるものが、実は0・5秒後につくられた情報だという客観的事実。もちろんわたしだって、主観的に「いま」と感じているものは、いまあるように感じる。しかし、種々の客観的データがそれを否定する以上、わたしは自分の主観的直感の正しさを証拠もなしに受け入れることはしない。近代の哲学者であるルネ・デカルトは「我思う、故に我あり」といったが、これは乱暴な論理だったのだ。本当は「我思う、だから我ありといいたくなる気持ちもわかるが、科学はそれを否定する」である。

意識のクオリアとして感じる「いま」は捏造だったのだ。いままさに、ありありと感じているクオリアは、過去につくられていたり、未来から遡って提示されたりしているのだ。

つまりわたしたちは、いまをいきいきと生きていると錯覚しているロボットのようなものだ。生を実感する喜びも、死を想う不安も、すべて幻想である。わたしたちはいまを生きているようだが、心はない。実はもともと死んでいるようなものである。むかし、「おまえはもう死んでいる」と主人公が決め台詞をいう漫画があったが、その通りなのである。わたしたちはあらかじめ死んでいるのである。

「そんなことはあり得ない」という人がいる。「そんな実験結果は誤り」だと。あるいは、科学よりも直感を信じる人もいるだろう。しかし、大量の科学的事実から推論する訓練を行ってきた研究者であるわたしは、心は幻想と考えなければ様々な実験結果の説明ができないと考える。

わたしたちには心などなく、ただ「心があるふり」をしているのである。クオリアは幻想であり、わたしたちの心はどこにもない。わたしたちは人間というロボットなのである。

意識は「記憶のための劇場」である

では、「意識のクオリアはなんのためにあるのか?」という問題が残る。

なぜそこまでして、人間に嘘の情報を表示する必要があるのだろうか? 心が進化によってできたなら、それは環境に適応するために生まれたと考えるのが自然である。

わたしの仮説はこうだ。

クオリアは、それ自体が認知のためのなんらかの役割を果たすのではなく、わたしたちがそれを「体験した」ということをエピソードとして記憶するためにできた機能である。

もし、意識が認知のためのなんらかの役割を「能動的」に果たすのなら、先に述べたように、意志決定が過去に終わっていたり、知覚が未来に起きていたりしてはおかしいことになる。

これは「結びつけ問題※25（バインディング問題）」という、脳のなかで無意識に行われる処理のなかから、どのように特定の複合的な情報が生成されるかという問題に関わっている。

いま目の前でリンゴが落下したとしよう。

すると、脳のある部分は赤い色を認識し、別の部分は丸いかたちを認識し、さらに別の部分は上から下への移動を認識する。ほかにも記憶と照合して「これはリンゴだ」と認識する部分もあるし、下方向への移動を「落下だ」と認識する部分もある。このように脳のなかで局在する機能を統合して、わたしたちは「赤くて丸いリンゴが落下した」と認識するわけである。

しかし、もし意識がこれらの認知的統合に「能動的」にかかわっているのなら、時間がずれてしまっていてはまずいことになる。能動的な統合は、意識された意図が引き金となる情報処理プロセスであるはずなので、すべての認識がリアルタイムで行われる必要があるからだ。指を曲げようと思った瞬間に意図の統合がはじまり、青い服を着た人だと思った瞬間に知覚統合が行われる必要があるのだ。

だが実際には、意識されるタイミングは、脳の計算よりも進んだり遅れたりしている。

つまり、意識はなにかをはじめるための機能ではないし、脳のなかで無意識に行われている多様な処理をトップダウンに把握し結びつけているわけでもないと考えられる。むしろ様々な統合の結果を、「受動的」に受け取る機能だと考えられる。これが、わたしの提唱する「受動意識仮説※26」である。

※25 脳科学において未解決といわれてきた問題のひとつ。感覚器が受ける情報は、脳においてかたちや色や運動方向といった細かな情報に分割され処理されるが、それらの情報を「再統合」するメカニズムは解明されていないとされる。

※26 さらに詳しくは、拙著『脳はなぜ「心」を作ったのか―「私」の謎を解く受動意識仮説』（筑摩書房）を参照。

わたしたちは、自由意志もクオリアも持っていないロボットと同じようなもの。

そんなことを知ると、「自由意志もないのにどうして生きていけるのか？」と思われるかもしれない。自律分散システム論[※27]によれば、トップダウンの管制塔は必要ない。クオリアを持っていないと思われる昆虫について考えてみよう。

昆虫は、反射行動の集まりで生きていると考えられている。食べ物があったら食べ、敵がきたら逃げ、光があればそこへ向かい、体が逆さまになったらバタバタともがく。このような反射行動のルールが脳にたくさん記録されていて、その組み合わせで生きている。昆虫に意識はないと考えられる。意識のような司令塔が能動的に「結びつけ問題」を解かなくても、たくさんの反射行動が適切に組み合わされているからうまく生きていけるのだ。

昆虫のような〝下等な生物〟だから、こうした自律分散制御だけで生きていけるのだと思う人もいるだろう。だがわたしは、人間も「無意識的な反射（感覚刺激への反射のほか、脳内のほかの部分へのフィードバックも含む）」の種類が増えたから高度な認知を行えるようになっただけで、意識がトップダウンで「結びつけ問題」を解けるから、高度な生物になったのではないと考えている。

つまり、人間も昆虫と同じなのだ。ロボットとも同じなのだ。複雑で多様なルールのかたまりなのだ。

ならば、意識とは一体なんだろうか？

それは、先ほども述べたように、「記憶のための劇場」だ。

前もって決まっていることや未来に起こることを、意識は「いま」だと感じると都合のいいかた

※27　全体を統合する中枢機能を持たず、自律的に行動する各要素の相互作用によって全体として機能するシステム。インターネットが典型だが、人間を含む多くの動物も自律分散型制御を行う。

ちで編集する。その「嘘のいま」を、わたしたちはまるで演劇の主役のような気分で、ありありとした実感を持って「観劇」しているだけなのだ。

なぜ、リアルな観劇をする必要があるのかというと、主役に成り切ったように感じたクオリアの体験をエピソードとして記憶するためである。つまり、意識とは主体的な行動をつくり出すものではなく、ただあらかじめつくられていた演技を体感し、その体験を記憶するためにつくり出された機能なのである。エピソード記憶のおかげで、人間は反射行動だけで生きる昆虫とは異なり、ある面で「高度な」生き方ができる。

昆虫はエピソード記憶をできないが、人間はできる。この差はなんだろう?

人間は、認知症になるとエピソード記憶が苦手になったり、できなくなったりする。自分が朝になにを食べたのか、そもそも食事をしたのか思い出せない。家を出ても、なんのためにそうしたのかがわからなくなるし、本を読んでも前に読んだ部分を忘れるからストーリーを理解できない。エピソード記憶に基づいた、高度な生活ができなくなっていく。言い換えれば、エピソード記憶は人間の高度な生活のために不可欠な機能だから、進化の過程で獲得されたと考えられる。

つまり、嬉しかったことや悲しかったこと、危険な目にあったこと、不安な気持ちになったこと……。そんな覚えておくべき体験を覚えておくために、エピソード記憶はある。覚えておくべき体験を覚えておくために、進化的につくり出されたのが意識なのだ。

だからこそ、無意識下で「本当の」意志決定や知覚が行われた時刻と、クオリアを感じる時刻がずれていてもまったく構わない。クオリアとは、自らの体験を主観的に観劇し感じていること自体なのだから。

「脱人間」という不安の超克

ここまで、科学的に脳で起こっていることを説明するには、「心はない」と考えるのが妥当であることについて説明してきた。わたしたちの意識のクオリアは幻想であり、脳の無意識下の相互作用がわたしたちの意志決定や知覚を担っている。

なぜ、意志決定したと感じた時間よりも、0・35秒または10秒も前に無意識下の意志決定が行われているのだろうか。情報処理の負荷という観点から考えてみよう。

コンピュータやスマートフォンが、ときにフリーズして止まってしまうことがある。わたしたちの脳が同じように容量オーバーでフリーズしてしまったら、生きるうえで障害がある。そのため脳は、10秒前に決めて差し支えない判断は10秒前に決め、運動制御の観点からもっと直前に決めなければ不便なものは0・35秒前に決めるといった、用意周到な早め早めの対応をしていると考えると納得がいく。早めにできることは早めに処理し、オーバーヒートを防ぐためにタスクを分散化しているのである。

さらにいえば、もっと長期的なタスク分散も行われている。

無意識のうちに3日前に判断が決まっていたり、場合によっては30年前に決まっていたりすることもあるというべきだろう。「性格」は、あらかじめ生まれる前に決まっている面もある。引っ込み思案とか、楽観的だとかがプリセットされている。これも、数十年前の無意識のプログラムだといえるだろう。先にも述べたように、日本人が心配性遺伝子を持つのは、温暖湿潤で災害の多い島国という風土に適応するためと考えられる。あなたのいまの意志決定がより良くなるように、あらかじめ準備されているのである。

そのように考えると、わたしたちの意志決定が、意志決定をしたと思った瞬間に行われるのではなく、様々な事前の用意に基づくことは、むしろ当然というべきであろう。


心は幻想であり、あなたの現在の意志決定も幻想であるということを、いろいろな面から見てきた。ここからどんな教訓を得るべきであろうか？

「心はない」という感覚が実感として腑に落ちる感覚を持つことが、生きるうえでの重要なヒントになると、わたしは考える。いまを生きるということ自体を見直すこと、ありのままに生きるということ、執着を手放すこと、なにかにこだわることによる不安を手放すこと、なんでもなんとかなると達観することなどにつながるのではないだろうか。自分の経験からそう思う。

わたしの感じる「腑に落ち感」とは、「なーんだ。心はなかったのか。笑っちゃうな。いい意味で拍子抜けというか。気が楽になったなあ。なにしろすでに死んでいるのと同じなんだから、死もなにもかも恐れることがばかばかしい」。こんな感じだ。

すると、あなたの目の前に見える景色が変わっていくのではないか。心がなければ、本章の前半に述べたような「不安」もないのだ。「死」もないのだ。「いまを生きろ」という人がいるが、いまなどないのだ。あなたが感じている不安の正体も、幻想に過ぎないのだ。

一方で、未来のウェルビーイング産業も、無意識の利他も、幻想である。そこに希望もない。したがって、ネガティブもポジティブもない世界で、わたしたちはどう生きるべきかという論点は残されているが、それはあとで述べるとして、現時点では、要するにネガティブもポジティブも幻想なのだ。

心配性遺伝子を持つ者が多い日本人は、みんなで「日本人は心配性ですよ」「自殺死亡率が高い民族ですよ」「経済は今後長期停滞していきますよ」「日本の将来は暗いですよ」と言い合って、誰も予測できないことを、みんなで不安になって予測しているように見える。

しかし、これら日本中にある不安は、実はみんなでつくり上げた幻想である。現代とは、みんなでわざわざ不安という幻想をつくっている時代なのである。

人間は極めて適応力の高い種であり、共同で幻想をつくる高度な力を持っている。一例を挙げるなら、ほんの80年前、多くの日本人は天皇のためなら死を覚悟すべきという価値観を共有していた。日本に限らず、世界のあまたのナショナリズムもイデオロギーも思想信条も、幻想である。

多くの人の不安の原因でもあるお金も幻想だ。1万円札に1万円の価値があると決めたから、1万円の価値が生じるだけなのだ。それと同じ意味で、資本主義などの政治システムも幻想だ。

新型コロナウイルスのパンデミックにより、将来の生活不安を感じる人が増えているが、多くの人は「不安なく過ごしたい」「お金がもっとあれば」という一心のように見える。先の見えない状況下で、不安という幻想が増殖しているだけなのだ。

先述したが、かつての村社会では、お金がさほどなくても、助け合ったり、無尽※28などの仕組みでお金を村で融通し合ったりすることによって、みんなでともに生きていけた。しかし、戦後の都市化の進展は、仮初《かりそ》めの個人主義社会をもたらした。一人ひとりが自己責任でお金を貯めなければ不

※28 相互扶助制度のひとつ。一定の口数と給付金額を定めて加入者を募り、定期的に掛け金を払い込ませて、抽選・入札などによって金銭や物品を与える。鎌倉時代に登場したとされ、江戸時代に発展、明治時代には会社の形態を取る無尽業者も増えた。

安な社会をつくってしまったのだ。「お金があるほど幸せ」という思い込みもまた幻想である。

個人が分断され、心の面でもセーフティーネットが不足する社会では、不安の裏返しから共同幻想の悪循環が広がっていく。差別や偏見や排外主義、あるいはネット上で繰り広げられる誹謗中傷というかたちで——。

そんなポストパンデミック時代の社会で、分断された個人はどのように生きていけばいいのだろう？　社会制度としては、人々のつながりを促進するセーフティーネットが整備されるべきだろう。個人にできることとしては、心の面からのアプローチによって個人が豊かに生きる道を目指す方法がある。それが、第3章で詳しく紹介する「幸福学」だ。

心は所詮幻想なのに、心の面からアプローチするというのは一見矛盾しているように思えるかもしれない。わたしは逆に、「心はない」という事実を深く理解し、自分なりのゼロ地点から出発することこそが、各々のより自分らしい生き方につながると考えている。先ほどの、「なーんだ。心はなかったのか」からの「腑に落ち感」である。絶対無からの、幸せである。

「わたしはダメな人間だ」「わたしは失敗した」「わたしは社会から見放された」「わたしは負け組だ」はすべて幻想なのだから、それらに執着する必要はまったくないということからはじめる道である。

以上に予告編として述べた幸福へ至る道の詳細については第3章で述べるが、その前に、第2章では、人間にとっての「最大の不安」である「死」に徹底的に向き合うことにしよう。

本来、すべては幻想なのだから、死も幻想である。しかし、最大の苦しみである死を幻想と割り切るのはなかなか容易ではないかもしれない。言い換えれば、死を直視し、死は幻想であることを理解し、死の不安や苦しみを超越できることが、幸せに生きるための鍵となるだろう。

1年先、5年先、10年先のことを考えて生きる人は多いが、その先に必ずやってくる死について深く考え続けている人は多くないだろう。これは、現代の病である。本来、すべての人にとって、死は身近なものなのに。もしかしたら、死は明日にでもあなたやあなたの大切な人のもとにやってくるかもしれないのに――。

そこで、第2章では、死について考えることにしよう。

第2章

必要条件：死を想う

心がなくて本当によかった

わたしは子どもの頃、死について考え続ける少年だった。どうして自分だけが自分なのか、生まれる前はなにもなかったのか、あったことを思い出せないだけなのか、死んだあとは生まれる前と同じようになにもなくなってしまうのか、なにも思い出せなくなってしまうのか――。

7歳くらいの頃、いつもそのことを考えていた。考えてもまったくわからない謎に直面した不安。あの日のことをいまでも鮮明に思い出せる。父に「死んだらどうなるの？」とたずねた7歳のある日のことを。父の答えは、「なにもなくなるんだよ」だった。

いま思えば「輪廻するんだよ」「天国に行くんだよ」くらいいってくれたらよかったのに、とも思うが、どれが正しいかの議論にはここでは踏み込まないでおく。少なくとも、現世の心と体がなくなってしまうことだけは間違いのないことだろう。父の答えはショックだった。なにもなくなってしまうとは、一体どういう状態なのだろう？　どうせなにもなくなってしまうなら、生きている意味などないじゃないか。

一生懸命に頑張って、人生で大なり小なりなにかを成し遂げたとしても、死んだらすべてゼロクリア。オールリセット。だとしたら、なぜ人は多くの苦しみに耐えながら、必死になって生きるのだろう？　どう生きても死んだら「無」になるのだとしたら、いまの生活や思い出にどんな意味があるのだろうか。

どうせ死ぬのなら、なぜ生まれてこなければならなかったのか。いま生きているのは、いってみれば、いつやってくるかわからない死を、監獄のなかで待っているようなものではないか。

生きることは、死刑ではないか。

自分が死んだあと、世界は誰のために続いていくのか。いま生きているわたしたちは、この世界のクオリアをありありと感じている。自分の意志で生きているように感じている。それなのに、死んだら世界はどうなるのか。わたしがいなくても、世界はなんの不都合もなく動いていくのか。ならばわたしたち人間は、もともと世界と切り離されたばらばらの存在なのか。

そんなことをそれからも折りに触れて考え、いつも途方に暮れていた。

自分だけが自分であるという、孤独。

大好きな家族も、所詮自分とは異なる他者であり、自分とは切り離された存在である事実。この無限の宇宙のなかに、たったひとりで放り出されている自分。深夜、そんなことを布団のなかでずっと考えていると、まわりの暗闇が音もなく拡大していき、広大な宇宙空間のなかに自分の心だけが取り残され、ぽつりと浮かんでいるような感覚に囚われたものだ。

まわりには誰もいないし、なにもない。「無」の圧倒的な恐怖と、孤独だけがそこにある。

こんなことを、小学校低学年の頃はいつも考えていた覚えがある。


しかし、いつのまにかそれも忘れていった。中学生くらいになると勉強や恋愛が楽しくなったためか、生と死について考えることはなくなっていた。

数学と物理が得意だったので、大学は理科系に進んだ。

大学を出て就職したのちは、カメラのモーターの研究開発に携わり、やがて大学に移ってロボティクスの研究者となった。医療用ロボット、ロボットハンド、ヒューマンロボットインタラクションの研究を経て、少しずつ「心」を持つロボットに興味が移っていった。たとえば、人を心地好くさせてくれるロボットや、人のように笑うロボットというようなものだ。

しかし、ロボットは人間のフェイクに過ぎない。だったら、人間の心のことがよくわからないのに、ロボットの心をつくれるわけがない。わたしは人間の感情に興味を持ち、心について考えるようになった。そこには、「もしロボットの心をつくれたら脚光を浴びるだろう」という、エンジニアとしての野心もあった。

ところが、第1章で述べたように、客観的事実から考えると人間の心はないという結論に至った。もともと心がないのだから、ロボットの心はつくれるわけがない。わたしが何十年も続けていた研究開発は、ないものをなんとかして生み出そうとする〝錬金術〟だったのだ。そう思うと、客観的に心をつくる研究よりも、主観的な心を探求する研究に興味が移っていった。

「心はない」ということについての研究結果は、子どもの頃の「死んだらどうなるんだろう？」という問いへの答えだった。一度封印して別の研究を行っていたはずだったのに、いつの間にか7歳のときの問いに戻っていたのだ。それは、40代の頃だ。

「心はない」と悟ったとき、死を恐れる気持ちが薄れ、目の前の視界が開けたような感覚を味わった。父のいっていた「なにもなくなるんだよ」は正解であったばかりか、生きているいまも「なにもない」のである。幼い頃からの死への不安も、幻想だったのだ。

先にも述べたように、わたしたちはあらかじめ死んでいるような存在なのだ。

そう思うと、「死ぬ」はどうでもよくなった。

心がなくて、本当によかった。
だって、なくなる心配をしなくていいのだから。

わたしはずっと嘘の人生を生きていたのか？

人の性格・性質の基本は、第一次性徴期（幼稚園くらい）と第二次性徴期（中学生くらい）のあいだ、すなわち自我が発達する時期に形成されるので、その頃に熱中したことや強烈に覚えていることが、人生をかけてやりたいことのヒントになるといわれる。

わたしが7歳の頃考えていたことは、死ぬということや生きるということの意味を知りたいということだった。その後の長いあいだ、別のことをしていたのに、気がつくと40代になってその問いに戻っていた。

これはどういうことなのだろうか。

それはきっと、長いあいだ封印していたのだと思う。

死ぬことや生きることや、「幸せとはなにか」という問題は、本当は7歳の頃から人生全般にわたっての問いだったのである。しかし、中学生の頃から40歳くらいになるまで、その思いを何十年も封印していたのだろう。エンジニアとして一人前になることや、研究者として一流になるといった、いま思えば世俗的な欲求を満たすほうに目を向けて生きていたのである。なぜなら、エンジニアや理科系研究者としてやっていくためには、7歳の頃の問いは、直接は役に立たないからだ。

本当に知りたいことを封印して、もっと目先の目標達成のために生きていたのだ。
極論すると、わたしは、ずっと嘘の人生を生きていたのだ。

自分の人生とは、そんな幻想の人生から、「生きるとはなにか」を考える人生へ、少しずつ戻っていくことなのではないか。長い時間をかけて、7歳の頃から知りたかったことを探求する人生に戻ってきたということなのではないか——。いまはそう思える。

いまは以前と比べて、充実感の高い日々を過ごしている。以前の自分は、はっきりいって「生きていなかった」。いや、そのときは一生懸命に生きていたつもりだったが、いまの自分から見れば、まさにロボットのような労働マシーンに過ぎなかった。

もちろん、これはわたしにとってそうであったというだけで、企業の研究者やロボットの研究者がみんな自分の人生を生きていないという意味ではまったくない。わたしにとって、本当に目指すことが見つかっていない時代だったと、いまから考えると実感できるということである。もちろん、わたしにとって本当に目指すこととは、本書の主題である「生きるとはなにか、幸せとはなにかを追求し伝えること」である。

わたしの人生の教訓をここで述べた理由は、みなさんにも胸に手を当てて自問してみてほしいからだ。「自分は本当に心から人生をかけてやりたいことをやっているだろうか?」と。

自分が思いのほか長いあいだ、そんな嘘の人生を生きていたからこそ、「こんなのは本当の自分の人生じゃない」と心のどこかで感じながらも、嘘の人生からなかなか戻ってこられない人の気持ちがよく理解できる。なぜなら、本当の人生へと戻ってくることは、それまで生きた人生を否定するに等しいからだ。

これはつらく、虚しい行為だ。それまで一生懸命に努力し、いってみれば自分なりにまっとうな人間になろうとしていたのに、「こんな嘘の人生にはなんの意味もない」といったん否定しなければ、本当の人生へとなかなか辿り着けないからだ。

それから、先ほどの問いは、「自分が行いたいことを行う人生を生きている」と思っているけれども、「本当に心から人生をかけて行いたいことをやっているかというと、そこまで強くは感じていない」という方へのメッセージでもある。「もっと本気で振り切ることができるのではないですか？」と。

わたしがロボットの研究をしていた頃がそうだった。まさか嘘の人生とは思っていなかった。充実感もあった。しかし、人生をかけて行うべきことを行っていると感じていたかというと、「強いやりがいも感じているし、悪くない。人生ってこんなもんかな」くらいの感じだった。いま思うと、それくらいのレベルでは、心から人生のミッションに気づいた状態ではなかったというべきだろう。

わたしは心から願う。

人生100年時代。100年のあいだに、みんながより充実した人生のあり方や、自分がやるべきことに気づけますように。

わたしが心から人生をかけて行いたいテーマに出会ったのは、「心はない」と腑に落ちたことがきっかけだが、それに関連して重要だと思っていることが、本章のテーマ「死を意識する」ことである。

生の反対は、死だ。

「キャンサーギフト」[※1]と呼ばれる現象がある。余命宣告されたがん患者の心が成長し、残された時間をむしろ幸せに豊かに生きられるようなことが、一部のがん患者には起こるのである。また、新型コロナウイルス感染症で自分の知人が亡くなったり、テレビで有名人が死んだりするニュースを目にして、自らの身の振り方を思い直すようなことがある。とくに具体的な死のニュースを見なくても、いまのような先が見えない不安な時代に、生きるとはなにか、死とはなにかを考えた人は多いはずだ。

死が身近に迫ってきたとき、人は必然的に生の意味を考えざるを得なくなるのだ。

あるいは、あなたのまわりにいる90歳を超えた老人を見てほしい。人にはよるが、たいていは幸せそうで、「明日はもういないかもしれないな」「いつ死んでもいいんだよ」などと冗談をいって笑っているところがある。彼ら彼女らだって死を意識しているには違いないが、若いときほど死を恐れてはいない傾向がある。

これを、「老年的超越」[※2]という。スウェーデンの社会学者であるラーシュ・トーンスタムが提唱した考え方で、90歳から100歳くらいの高齢者は、死の恐怖が減少し、自己中心性が弱まり、自分と世界の境界が曖昧になり、寛容性が高まり、極めて幸福度が高い傾向があるという。いわばそれは、悟りの境地にも似た状態であろう。

生への執着が減っていくことは、生も死も幻想だと「無意識」に感じているということなのではないだろうか。そして、一見逆説的だが、生への執着が少なくなるがゆえに、幸せな生を存分に謳歌できるようになるのである。

※1　がんになったことで、人生や病気の経験、まわりの人の存在や言葉を意識するようになり、新たな気づきを得たり、新たな出会いがあったり、感謝する出来事が起きたりすることを、〝がんからの贈り物〟と表現する。

※2　スウェーデンの社会学者であるラーシュ・トーンスタムが提唱した概念。物質主義的で合理的な世界観から、宇宙的、超越的、非合理的な世界観への変化が高齢期に高まるとした。

多くの人は様々な不安を口にする。その理由はそれぞれだが、なかでも人間にとってもっとも大きな不安は「死ぬこと」だろう。だからこそ死を真剣に見つめ、自分にとって「死とはなにか」を徹底的に考えていくことが、生の鮮やかさを際立たせる。

現代社会では死をタブー視し過ぎていないだろうか。核家族化が進んだことで、最期を看取る機会は減った。もちろん、知人の葬式には行くけれども、人間が死へと少しずつ向かっていくプロセスに接する機会は、むかしに比べて格段に減っている。そのため現代人は、自分のまわりで死が具体化するまでは、死について考える機会が少ない。

むかしの村社会では、人間関係の弱い紐帯[※3]がいまよりも充実していたから、死は身近なものだった。死は忌み嫌われたり、怖いものだと思われたりはしただろう。しかし、身近だった。

死が身近であることのメリットは、先ほどから述べてきたように、生が鮮やかになることである。「先のことまで考えて計画的に行動しましょう」といわれるが、その究極が「死について考えて計画的に行動しましょう」である。

だからこそわたしたちは、いま一度、死をリアルに捉えるべきなのだ。死をとことん自らの問題として見つめ直すべきだ。少なくとも、自分の死については。やろうと思えばいますぐできることである。

※3　アメリカの社会学者であるマーク・グラノヴェッターが唱えた社会的ネットワークについての仮説。新規性の高い価値ある情報は、自分の家族や親友、職場の仲間などの社会的つながりが強い人々（強い紐帯）よりも、ちょっとした知り合いなど社会的つながりが弱い人々（弱い紐帯）からもたらされる可能性が高いとする。このことから、個人が（求職等で）発展するためには、弱いつながりのほうがはるかに重要となる。

いま死んでも、あとで死んでもたいした違いはない

「死んでなにもなくなってしまうなら、そもそも生きる意味などない」

7歳のわたしはそう感じた。

どんなに素晴らしい人生も、逆につらく苦しい人生でも、死んだらすべて終わりだ。死んだらクオリアはなくなり、意識は永遠に戻らないのである。

たくさんの思い出をつくれば、生きているあいだにその楽しみをエピソード記憶として思い出すことはできる。その人が死んでも、あとに残された人たちは、彼ら彼女らの思い出とともに生きることもできるだろう。

だが、残された人もやがては死ぬ。あなたを知る人がすべて死んでしまえば、やはりあとにはなにも残らない。その意味では、思い出にはたいした意味などないのである。

何世代にもわたり後世に記録が残るような人が、世の中にはわずかながら存在する。しかし、そんな歴史の記憶も何千年もすれば失われるだろう。何千年など、宇宙の歴史から見ればほんの一瞬の出来事だ。しかも、文字情報の記録がいくら残っていても、人間がもっとも失いたくなかったいきいきとしたクオリアは残らない。だから、歴史に名を残そうとするのは虚しい。自らの功績や名誉を残しても、それは宇宙に漂う一片の塵ほどの意味もないのだから。

さらにいえば、太陽はいまから50億年経つと赤色巨星になるとされる。すると、なんと地球や火星の軌道を呑み込むほどのサイズになる。その頃は当然、地球は太陽に呑み込まれて燃え尽きてい

るだろう。人類の歴史もすべて、塵も残らずに燃え尽きるのだ。

話を人間サイズに戻そう。自分のクオリアは遅かれ早かれ失われる。たった数年か数十年の差があるだけで、すべての人は死んでなくなる。つまり、いま死んでも、あとで死んでもたいして変わらないのである。そんな小さな人生が約76億7697万個（WHO「WORLD HEALTH STATISTICS 2021」）も寄り集まって、地球という惑星で生きている。それが、わたしたち人間だ。

先にわたしは、「自殺は悪いことなのか？」と疑問を呈した。いま死んでもあとで死んでもたいして変わらないのなら、自殺をしても長生きしてもたいした違いはないだろう。誤解のないように述べておくが、わたしは自殺を推奨しているのではない。そもそも人類が生きることになんの意味があるのかという問いの前には、「善悪」という現代人の倫理学も一面的な考え方であるといいたいのである。

宇宙の根本原理として、「自殺してはいけない」と決まっているわけではない。ただ現代人が、現代社会において「自殺は良くない」という価値観を選び、それを多くの人が合意しているだけである。現代社会のルールブックに、「自ら死ぬな！」と書かれているだけなのである。宇宙スケールから見ると、最近の人類が決めたルールに過ぎない。

すべての病気はよかれと思って貼ったレッテル

宇宙から見るとささやかな取り決めであるとはいえ、なぜ、現代人類は「自殺してはいけない」と合意したのだろう?

第1章の「自殺を『悪』と切り捨てていいのか?」の項でも社会通念として吟味し、その曖昧さについて述べたが、ここでは、そもそもわたしたち一般市民が、主観的に「自殺は良くない」と考えるのはなぜかについてもう一度考えてみよう。

考えられる理由のひとつは、「命は大切だから」だろう。生きているほうがいいからである。しかし、これまでにも述べてきたように、遅かれ早かれ人はいつか死ぬ。大切な命が失われた後から見ると同じことだ。「1億円のダイヤの指輪が100年後に盗まれるのは仕方がないけれども、いま盗まれることは断固として阻止しましょう」といっているようなもので、長期的な視点から見るとナンセンスだ。

ふたつ目に考えられる理由は、ある人が自殺するとまわりにいる人が悲しむからだ。悲しむのは親族や友人だけに限らない。誰かがつらく苦しい思いをして、自ら死を選んだ痛ましいニュースに接したわたしたちは、同じ社会を構成する者として、つらく悲しい気持ちになる。

メディアが発達した現代では、国や地域にかかわらず、痛ましいニュースに触れる機会が多い。自殺の話を見聞きした人々は、自殺者や遺族の心情を想像して悲しい気持ちになる。

その意味では、わたしたちは〝大きな家族〟のようなものである。たとえあなたに家族や友人がいなくても、広い意味でわたしたちはつながっている。だからこそ、社会は「みんなが悲しむ自殺はしないほうがいい」と考え、それに合意したのである。

もうひとつ見逃せない論点がある。多くの人が「自殺は悪いこと」とみなすのは、「自殺をするのは病んでいるからだ」「自殺する精神状態は病的だ」という理解を前提にしているからではないだろうか。健康で正常であることが善で、病的で異常であることは悪という価値観。

現代社会では、健康であることが推奨される。身体的・精神的に健康であることを願い、WHO（世界保健機関）はじめ各国政府機関から医学界、民間の健康産業に至るまで、健康であることを「人間として良い状態」と捉えている。

健康の反対は、病気である。とくに自殺に結びつきやすい病気のひとつが躁うつ病であり、気分が沈み込んだうつ状態からテンションが上がる躁状態になったとき、自殺の可能性が高まるとされている。

しかし、躁うつ状態や、それが原因で自殺することは果たして「病的な」行為なのだろうか？これもまた、誤解を恐れずに問題提起するなら、社会が病的だと合意したからそう判断されているだけではないだろうか？

医学的な観点では、うつ病に対して「病気」という言葉を使うが、ある観点から見れば、むやみに動かないことで生体のピンチを切り抜けようとしている「防御反応」と見ることもできる。

もちろん、うつ状態だと仕事やそのほかの活動を行う意欲が減退し、日常生活に支障をきたすリスクがある。だから医学は、その人が健康になることを願って、病気というレッテルを貼ったのである。病的な状態というのは、現代社会においてより良い社会をつくるための必要性があって定義されたものであり、絶対的な規範であるわけではない。気持ちの波が激しかったり、記憶力が悪くなったりした結果に対して、躁うつ病、認知症と命名するのは、それを病的と差別するためではなく、治療して健康になってもらうためである。レッテルをネガティブに捉える考え方が、多くの不安や分断を増長させているのである。

レッテルを貼ることがいけないのではなく、レッテルの意味を画一的に解釈して誤解することに問題の本質があるとわたしは思う。安易に、「自殺は悪だ」「何者かが悪だ」というような〝悪者探し〟をするのは不毛ではないか。

世の中のレッテルへの画一的評価を丁寧に剥がしていくと、結局あとにはなにも残らないのではないだろうか。そう、すべては幻想なのだから——。

ふたつの本能——「怒り」と「共感」

先に、「生きることは死刑」だと述べた。

誰もが最後は死ぬのなら、いま生きている期間は、いずれやってくる死を恐れながら監獄で待つのと大差ないのではないか。誰だって、今日明日にも死ぬかもしれない。わたしたちは、いつ死刑執行されるかもわからない毎日を暮らす虚しい存在なのではないか——。

死について考えるとき、関連する問題として、社会制度としての死刑の存在がある。存続・廃止をめぐって世界中でいろいろな議論があり、日本でも世論が大きく分かれがちな問題、それが死刑制度だ。

死刑が求刑されるような事件のニュースに触れて、感情的に「許せない」と感じる人は多いと思う。卑劣な犯罪が行われ、なんの瑕疵《かし》もない被害者やその家族らの映像が出てくると、なおさら「犯人を早く死刑にしたほうがいい」「こんな人間は生きている価値がない」という感情を掻き立てられる。

しかし現代法では、死刑は「目には目を、歯には歯を」という復讐のために行うのではない。犯罪抑止効果を最大化するのが刑罰の最大の目的である。

だから、死刑が求刑されるような犯罪が起きたときに、テレビの視聴者が「死んで償ってほしい」「犯人を殺してやりたい」というのを聞くとき、わたしは人類全体に対するいたたまれない悲しみと虚しさを感じる。なぜなら、復讐心は怒りの連鎖を生むだけだからだ。

人間にはふたつの本能がある。それは、「怒り」と「共感」だ。人間は生き残るために、いわば「戦う本能」と「仲良くする本能」のふたつを維持してきた。

怒りの本能とは、自分に危害を加える者に対して怒り、戦い、もし仲間がやられたら復讐するモードのことを指す。はるかむかしの人類を想像するとわかるだろう。凶暴な獣が目の前に現れたとき、戦わないとやられてしまう。だから、獣と戦う本能が人間には備わっている。

この本能は、現代においては「勝ちたい」という本能に転化される。子どもの頃も、大人になってからも、「他人に勝ちたい」と思う人は少なくないであろう。個人差はあるものの、力や暴力によって勝ちたいという本能のみならず、成績やスポーツで他人に勝ちたいという気持ちも人間には備わっている。社会を見ると、この戦う本能にドライブされて生きている人は多いように思われる。

一方、人間の脳には共感の本能も埋め込まれている。

目の前に現れたのが獣ではなく、もし人懐っこい犬だったらどうだろうか？　人間は犬とは仲良く暮らせることを学び、危害を加えたり憎んだりせずに済む。いや、場合によっては獰猛な獣とだってともに暮らすことができるはずだ。ましてや相手が同じ人間なら、親が子どもを育てるときの本能のように、相手の気持ちになって共感したり、互いに労り合ったりできるはずだ。

話を戻すと、人間は被害者に共感することができるが、同時に加害者にも共感できる本能も持っている。

「この犯人は許せない」「この人間は心が歪んでいる」と憎むこともできれば、「未熟さゆえにこんな罪を犯したのだ」「親からの虐待や社会の激しい格差のなかで育ったから、こんなことをしてしまったのだ」と想像し、共感することもできる生き物なのである。

ほかの動物にこんなことは到底できない。

いま目の前に危機が迫っている場合は、まず「戦う本能」が発動するだろう。凶暴な敵がやってきたときに「仲良くしよう」と思っていると自分の身が危うくなるため、先に戦う本能が発動するからだ。本能と本能とのせめぎ合いでは、怒りや「許せない」という復讐の感情のほうが先に出るだろう。

そんな、自分を守るために相手を敵として憎む本能と、みんなと仲良くしてコミュニティを安心安全に保つ本能――。どちらが発動するかで結果はまるで違うものとなるし、まるで異なる社会になるというわけだ。

いずれにせよ、わたしたちが狩猟・採集生活をしていた頃の本能が、現代社会でも変わることなく働いていることは間違いない。いってみれば、わたしたちは20万年前から進化していないのだ。だからといって、狩猟・採集時代の本能を、いまわたしたちは剥き出しにすべきだろうか？

他者を「許す」ことはなぜこんなに難しいのか？

人間は死んだら終わりだ（いろいろな意見があるだろうが、少なくともいまの人生は終わりだ）。それゆえに、子どもを殺された親が「犯人は死んで償ってほしい」というのを聞くたびに、わたしは憂鬱な気持ちになる。復讐心を掻き立てられても、問題は解決しないのに。

もちろん、わたしも子を持つ親のひとりであり、親が子を思う気持ちの深さが想像できないわけではない。ただ、人は死んでしまえばなにもなくなる。

死んでしまえば、加害者が自らの罪に苦しみ、後悔と罪悪感に苛まれながらその行為を償うことはできないではないか。苦しくもつらくも、なんともないではないか。死んだら罪を償うことは不可能なのだ。その意味では、死ぬまで自分が犯した罪とともにある無期懲役のほうが、まだ償いになるかもしれない。

死んだら、「無」。それが現実なのだ。

被害者が亡くなっても、その家族や友人たちは生き続ける。その短い人生を生きるなかで、犯人の存在を世界から消去してしまいたい気持ちもあるだろう。もちろん、わたしもその親の無念を想像することはできる。

しかし、先ほどから述べているように、いずれすべての人は、遅かれ早かれ消えてなくなる。だから、「生きていることは死刑と同じ」だと比喩として述べてきた。今度は本物の死刑について述べているわけだが、両者を比べてみても、同じようなものなのではないだろうか。

つまり、死刑になってこの世からいなくなるのと、人生という死刑を生きていつか死ぬのは、同じようなものではないか。死んだあとの永遠の無に比べると、そこにたいした差はない。


現在、ＥＵではすでに死刑制度を廃止している。理由はいろいろあるが、ひとつにはキリスト教の伝統が影響している。

先にも述べたように、キリスト教では、人間を裁くのは神である。法的には多種多様な罰が社会において用意されるものの、最終的には神が人間を裁くと考える。そのため、死刑制度によって人が人を裁くのは、おこがましい行為だという思想が根底にあるのだ。

また、仇討ちはしないという合意もある。新約聖書には、「右の頬を打たれたら左の頬も差し出せ」と記されている。たとえ痛めつけられても、その報復を否定したイエス・キリストの言動が大きく影響しているのだ。

一方、日本では江戸時代まで復讐が許されていた。自分の家族が酷い目にあえば、その仇を討つのは当然のこととされていたのだ。世界を見渡せば、約3800年前の法典であるハンムラビ法典にも「目には目を、歯に歯を」と記されている。むかしは仇討ちが許されていたのだ。

だが近代以降、多くの国で復讐を禁止することが合意された。いまの日本人も、多くの人が「あの犯人は死刑にすべきだ」などと発言するものの、すでに報復行為はやめたことになっているのだ。なぜだろうか？

それは家族の仇を討つために復讐すると、仇を討たれた者の家族が、その仇討ちを考えるからだ。そうして、復讐が世代を超えて連鎖していくからである。復讐を認めたとたんに、わたしたちの世界は仇だらけの世界になってしまう。

わたしは広島で育った。子どもの頃から原爆や戦争の悲惨さについて、また平和を希求する大切さについて教えられてきた。なぜ広島の人や長崎の人、ひいてはすべての日本人は、人類史上はじめて2発の原子爆弾を人間の上に投下したアメリカに報復しないのか？

それは、日本人は恒久の平和を求めると合意したからだ。

「原爆を落としたアメリカを、わたしたちは永遠に許さない！」といっていたら、子孫末代に至るまで報復が連鎖するだろう。自分たちも相手も、いつまでも平和には生きていけない。様々な説があるが、多くのアメリカ人は、原爆投下はそもそも日本が真珠湾を奇襲したからだと考えている。だが、日本にも真珠湾を奇襲した理由があった。互いに譲れない理由と言い分があるのである。

ならば、そんな言い分と報復だらけの世界で、どうすれば人類は平和に生きていくことができるだろうか？

答えは、相手を「許す」ことだ。

論理的に考えて、「相手を許したほうが平和な社会になる」から、わたしたちは報復を捨てたのである。日本では死刑制度が存続しているが、ほかの多くの社会では、被害者の仇を討つのではなく、加害者に罪を償わせるという考え方に変化している。

その「償い」とは、その人の存在を消去することではなく、「より良き人」に変えることだ。「犯人は心の異常によって酷い行為をしたので、刑務所で更生し、より良き人になったらまた世の中で生きていい」と考えるのだ。そうしたほうが、社会が平和で生産的な方向へ向かうからである。

だが、日本人の精神性には、いまだ仇討ち的な考え方が色濃く残っている。見かけは西洋の価値観を取り入れながら、内実はそうではないところに、日本社会の歪みのひとつが現れているというべきかもしれない。無意識の利他性とは逆の、無意識の残虐性である。

「許せない」気持ちはわかる。しかし、人間は学習し、「許す」ことができる。人間に埋め込まれたもうひとつの本能――「共感」をより重視しながら、仇討ちよりも調和の方向へと、人類は少しずつ進んできたのである。わたしは後者の可能性を信じたいと思う。

いずれにせよ、立ち戻るべきは「死んだらなにもなくなる」という客観的事実である。報復しようが死刑にしようが、いずれわたしたちはみな、この世から消えてなくなる。いずれ消えてなくなる命なら、なるべく早く憎しみと報復の連鎖を断ち切ったほうが、続く世代の人間は平和に生きられるのではないか。

本能に駆られて「死刑にしろ」と叫ぶ人は、死についての総合的・包括的な思索が不足していると考えられないだろうか。また、自分の生に対する総合的・包括的な思索も不十分というべきではないだろうか。

わけのわからない宇宙のなかの、あまりに小さなあなた

さらに死へと踏み込んでいこう。ただし、ここからは思索の角度を少し変えてみたい。

わたしたちは、自分の死を想像できる生き物だ。もちろん、愛する人の死についても想像できるし、自殺者の無念や、被害者の家族の怒りも想像することができる。先に述べたように、わたしたちの脳には共感の本能が組み込まれている。ゆえに、ほかの動物と比べて人間は圧倒的に「他者の視点」に立つことができるし、その能力によって人類は集団をつくってここまで生き延びることができた。

他者の視点に立って想像できることは、他者との「つながり」という、第3章で紹介する幸せのための重要な因子に関係している。

また、その気になれば、わたしたちはもっと視野と想像力を広げて「人類」や「地球」「宇宙」という視点から自分を眺めることもできる。普段のわたしたちは、自分の視点で世の中を見ているが、自分を含めた世界や宇宙までを俯瞰的に捉えるということだ。それによってわたしたちは、いつもとは違う新しい視点や価値観を手にすることができる。

とはいえ、これは少し難しい。なぜなら、人は生存本能のメカニズムによって、他者の気持ちや

世界全体のことを想像するよりも先に、自分の安心安全を優先するからである。誰だって、「死ぬのが怖い」「自分がなくなるのは嫌だ」といつでも思えるだろう。嫌なものは、嫌である。だが、これは視野が狭くなった状態ともいえる。本来はかなり広い範囲において他者の視点に立った利他的な行動ができるのもまた、人間を特徴づけ、人間たらしめている能力であるからだ。

わたしは、自分を見つめる視野（スケール）を自ら自在に変えていくことによって、わたしたちの死の捉え方や死の不安は大きく変わると考えている。いくつかの手掛かりを示そう。

まず、自分の小ささを空間的に客観視してみよう。

宇宙がはじまったのは、約138億年前のビッグバンで、そのとき以来、宇宙空間は光速よりも速く拡大し続けているといわれる。ただし、これはあくまでその頃に宇宙がはじまったと考えると物理学的に説明がつくというだけで、素粒子論[※4]ほか様々な宇宙理論の全容がより明確になれば、ビッグバン理論は覆されるともいわれている。

あなたは、これまでに「宇宙はどうやって生まれたのだろう？」「ビッグバンとはどんな現象なのか？」「ビッグバン以前はどうなっていたのだろう？」などと考えたことはないだろうか。あるいは、「宇宙がいまも拡大し続けているとして、その果て（境目）はどうなっているのだろう？」と。

わたしも同じく、宇宙の起源やはじまりがずっと不思議だった。わたしは研究者として物理学を多少知ってはいるものの、多くの人と同じように宇宙は不思議だらけ、謎だらけだと感じる。物理学の専門家による知識も、時代とともに少しずつ増えているものの、その多くはあくまでも仮説であって、なぜ宇宙がはじまったか、ビッグバンの有無、宇宙の果てがどうなっているかについての

※4　物質を構成するもっとも基本的かつ要素的な粒子である素粒子と、その運動に関する理論。原子核は陽子と中性子の結合したもので、陽子と中性子は、素粒子であるクォークなどで構成される。素粒子物理学は、素粒子の構造や性質、相互作用などを研究し、自然界のもっとも基本的な物理法則を探究する。

正解が出ているわけではない。

　結局のところ、宇宙はまだ「よくわからない」のだ。


　宇宙の「果て」については、相対性理論[※5]に従えば、「宇宙の反対側の果てとつながっている」と考えられている。

　仮にわたしたちが、地球上をまっすぐ歩いていくとしよう。感覚としては平面の地表を歩き続けているのだが、気づけば1周し、後ろから同じ場所へと戻ってくることになる。地球は大きいので、人間から見ると平面に見える。平面は任意の方向へ無限に（無限遠まで）続いているように見える。しかし、結局は反対側から元の場所へと戻ってくる。つまり、球の表面は「2次元の閉じた図形」である。

　宇宙とは、論理的には、これを3次元へ拡張したものだ。

　宇宙は3次元空間内の任意の方向へ、無限に（無限遠まで）続いているように見える。そもそも宇宙はひとつ上の次元から俯瞰できないので、円弧や球面のようにイメージするのは難しいのだが、人間が住むような空間の歪みを無視できる空間から見ると、宇宙はひずまない無限空間に思える。

　しかし、その無限空間を真っ直ぐ辿っていくと（実際は遠過ぎて光でさえも辿れないが）、反対側から元の位置に戻ってくる。要するに宇宙は、「3次元の閉じた空間」なわけである。固定された3次元空間と仮定しても問題ない世界に住むわたしたちから見ると、わけがわからない状態ではないだろうか？

　そのため、宇宙の果ての「外」はない。仮に外があったとしても観測できない。138億光年の

※5　ドイツの物理学者であるアルベルト・アインシュタインにより提唱された、「特殊相対性理論」と「一般相対性理論」の総称。相対性理論というと、前者を指すことが多い。光速度がすべての観測者に対して不変であることと、「相対性原理（ある範囲の座標系がすべて物理的に同等であり、物理法則はまったく同形でなければならないという要請）」に基づき、互いに等速度運動する観測者同士に対して、すべての物理法則が同じかたちで成立することを定式化した。この理論によると、時間は観測者によって異なる相対的なものとなる。

彼方から発せられたビッグバンの頃の光は、１３８億光年かけて地球に届く。現在は光より速いものはないとされているため、これが最速だ。１３８億光年前に宇宙が誕生したとすれば、１３８億光年以上遠くの光は地球に届きようがない。

以上の説明は相対性理論によるものだが、近年、素粒子論がこれまでわかっていた宇宙の姿を部分的に覆しつつある。ブラックホールなど宇宙の歪みについても少しずつわかってきており、ほかにも超弦理論や、多数の宇宙があるとする説（マルチバース）など様々な理論が出てきている。ただし、いずれも仮説であり、どれかが正しいと証明されたものではない。

また相対性理論によると、物体の長さは高速になるほど短くなり、光速になると長さはゼロとなる。すると、仮に地球から１３８億光年離れた場所に星があれば、地球から光速で遠ざかる方向の長さはゼロ――つまり、その星は球体ではなく扁平な円盤になるだろう。同じように、その星から地球を見れば、地球こそが光速で遠ざかっているのだから、地球も扁平な円盤となる。

こんなわけがわからない、空間が歪んだ世界にわたしたちは生きている。

たとえ空間がひずんでいても、拡大し続ける宇宙から見れば太陽系は驚くほど小さいため、太陽系には宇宙の拡大は気にならない。無視しても問題ない。あたりまえだが、そんな太陽系に生きるわたしたちにも気にならない。速度が増すたびに長さが減っても、気にならない。

これは、わたしたちがあまりに小さいために、地表を歩いているときに、地球が球体であることが気にならないのと同じだ。むしろ、そんな地球上に生きる小さなわたしたちが感じる物理現象のほうが、時空間が激しく歪んだ宇宙から見れば特殊なのである。わけがわからないのは宇宙のほうではない。人が特殊な経験から宇宙を捉えるから、わけがわからないように思えてしまうのである。いわば、井の中の蛙である。

そんな極めて特殊な井の中に、なんの因果か、物質とエネルギーの相互作用の結果として生まれたのが人類であり、あなたなのだ。

一生の長さはたったの0・1ミリ

次は、自分の小ささを時間的に客観視してみたいと思う。

宇宙は約138億年前にビッグバンとともに誕生したといわれているが、プロローグで述べたシューマッハ・カレッジの「Deep time walk」に倣って、時間を距離に換算してみよう。

仮に138億年を13・8キロメートルに換算することにして、現在を東京駅の待ち合わせ場所にあるモニュメント「銀の鈴」の中心の点としよう。もちろん、みなさんの住む場所に従って、それぞれ考えていただきたい。

すると、中央線に沿って西に13・8キロというと、東中野駅と中野駅のあいだくらいだ。ここで宇宙が誕生した。そこから東京駅に向けて歩くことをイメージしてみてほしい。新宿駅、代々木駅、信濃町駅、四ツ谷駅と、東に向かって歩いていく。長い道のりだ。

地球の誕生は、いまから46億年前。宇宙の歴史の3分の2が過ぎ去ったあたりは飯田橋駅のすぐ西だ。そして、生命の誕生は36億年前。水道橋駅あたりだ。さらに、霊長類が誕生したのは650

0万年前。神田駅と東京駅のあいだくらいだ。現在まで、もう一駅の半分しか残されていないのである。

わたしたちホモ・サピエンスが現れたのは、20万年前。銀の鈴の中央まで、なんと20センチ。ソクラテスやブッダ、孔子《こうし》などが活躍した枢軸時代がいまから2500年前だが、それは、中心点まで2・5センチ。ひとりの人生を100年とすると、それは0・1ミリだ。

宇宙ができてからいままでを13・8キロとすると、人生は0・1ミリなのだ。なんてはかない距離なのだろう。

距離ではなく時間でイメージしたい方のために、試しに、宇宙ができてからいままでを1年に短縮してみよう。つまり、138億分の1に。すると、人生100年は0・23秒という計算になる。仮にあなたが将来に不安や悩みを感じたり、死への恐怖に囚われていたりして人生を送っていたとしても、その期間は宇宙1年に比べるとわずか0・23秒しかないのだ。宇宙から見ると、人間はなんとちっぽけではかない存在だろうか。

これらの数字を見てどう感じるだろうか？　このスケール感を実感して生きることができれば、人生における悩みなど、別にどうでもいいことなのだと感じないだろうか。宇宙の時間軸から見れば、わたしたちの人生はほんの一瞬である。

ちなみにわたしは、いつの日からか、こうしたスケール感をいつも意識しながら生きるようになった。もちろん、日常生活のなかで忘れそうになることもある。「しまった、メールするのを忘れていた」「あれ、約束の時間に遅れそうだ」などとなにかに注意を向けると、一気に現在時間（日常に流れる時間）のスケールに戻ってくるわけだが、基本的には「宇宙138億年のなかの小さな自分」というスケール感を意識して生きている。

138億年の時間スケールを意識すると、約3000年前の縄文時代など「つい最近のこと」だ。普通に生きていると3000年は気が遠くなりそうな長い期間だが、「あれ、たった3000年なのか」と新たな感覚を得ることができる。

このように、いつでも人類誕生や宇宙誕生の時間スケールで物事を考えられるようになったので、人生で起こる問題や死の恐怖を一瞬感じたとしても、そこからすぐに回復できるようになった。なにか困ったことが起きたとしても、地球や宇宙の歴史のスケールに切り替えて物事に向き合えるので、いつも幸せな気分で生きることができる。

いずれにしても、わたしたちが生きた痕跡のほぼすべてがなくなった1万年後から想像していまの自分を見れば、いま死んでも30年後に死んでも大差はないことだけは間違いない。1万年先から自分を見るような感覚は、すべて気の持ちようなので、誰でも身につけられるものだと思う。

このようなスケール感覚を身につけるとどうなるか？

一見逆説的なようだが、自分には「いまこの一瞬しかない」ことが実感できるようになるはずだ。「はかないからこそ、大切」といおうか。なぜなら、年齢も残された時間も、実はたいした問題ではないのだから、重要なのは「いまこの瞬間を生きるしかない」という事実のほうである。

もちろん、いまとは幻想なのだが、ありありと浮かび上がる幻想である。だから、本当はないけれども、ここに浮かび上がる生を、いきいきと生きるしかないのである。

かつてスティーブ・ジョブズは、「今日が人生最後の日だと仮定して、やるべきだと思うことを実行せよ」という言葉を残した。彼はまさにそうして、いつ死んでもいいような心持ちで生きていたのだろう。東洋思想に関心を持っていたというし、おそらく宇宙の起源や心の根源的な意味にも関心が強い人だったのだと推測する。

「いまこの瞬間を生きる」とは、いわば死の恐れから生のエネルギーへの大転換なのだ。

人間には、過去も未来もない

わたしたち人間が、観察によって宇宙の誕生を138億年前と捉えたり、人生を0・23秒とみなしたりするのは、時間を「一定速度で進む普遍的なパラメータ」だと考えているからだ。秒、分、時間、日、月、年というように、わたしたちは時間を絶対的な尺度として考えているが、それは人がそう定義したからそうである以上の何物でもない。

つまり、客観的時間は人間がつくったものだということだ。「客観的時間はつねに一定速度で進んでいく」と人間が決めたから、人間がそう認識しているのである。

客観的時間は、時間の「幅」を持たない。客観的に「いま」と定義するとき、時間が少しでも幅を持っていたら、「いま」のなかに「過去」や「未来」が含まれてしまうからだ。たとえ一瞬、何万分の1秒であっても、数学や物理学の「いま」の定義ではそれは認められない。客観的時間における「いま」というのは、あくまで幅を持たない特定の時刻のことである。

だが、わたしたちは普段、それとは異なる「いま」を感じて生きている。それが、主観的時間だ。たとえば、いまあなたがなんらかのクオリアを主観的に感じているなら、その時間は幅を持っているはずだ。なぜなら、客観的時間のように「いま」に幅がなければ、あなたはその無限小の時間で、なにかを感じたり情報を処理したりする暇がないからだ。

加えて、主観的時間の「いま」は簡単に歪む。

個人的な体験をいうと、わたしは年齢を重ねたせいか、20歳の頃の思い出をついこの前の出来事のように感じるときがある。時間感覚の精密さが鈍ってきたのだろうか、30年以上訪れていない場所を「懐かしいな」と感じて思い出すこともできる。

いってみれば、わたしにとって、昨日の出来事と30年前の出来事はそれほど差があるものではないのだ。いつでもそれについて思い出せる感覚があり、当然、幼い頃の思い出ほど薄れてはいるものの、おおまかにはすべて「等距離」にある感じがする。客観的時間では30年の年月が流れているのだが、主観的時間のなかでは大差がないのである。

138億年前に宇宙が誕生し、46億年前に地球ができて、20万年前に人類が出現し、60年前にわたしが生まれた……というように、わたしたちは時間が絶対的な基準であるように感じているが、それは数学を用いてリニアスケール（等差軸）で時間を捉えているからであり、本来、人間は時間を主観的にしか感じられない生き物である。

また、過去のことを思い出したり、未来を思ったりするのは、「いま」（の前後の短い時間）である。

人間は、いま、過去や未来を感じるようにできているのである。

そんな「いま」であるにもかかわらず、わたしたちは、あたかも過去から連続した流れのように幻想しながら生きている。

わたしの仮説はこうだ。脳はあちこちに散らばった情報処理結果をうまく変換し、均一の速度で流れる時間に沿って、様々なことに注意を向ける体験が連続的に進んでいるかのように、「意識に幻想体験をさせている」のではないか。わたしたちは、「いま」しか感じられないロボットだといってもいい。過去をありありと思い出しているようだが、それはエピソード記憶に残されたことを「いま」読み出しているだけなのである。

わたしたちは、過去から未来へと時間が流れているように感じるし、わたしの過去の記憶から未来の夢までを想像できるような気がするが、これらはすべて「いま」感じたり想像したりしていることなのだ。なにかを思い出した瞬間、それは「いま」だ。過去を思い出して後悔したり、未来を思って不安になったりしているが、わたしたちは「いま」それを行っている。

すなわち、人間にはそもそも過去も未来もない。

わたしたちには「いましかない」し「いまはない」

わたしたちには過去も未来もなく、ただ、「いま」のクオリアだけがある。

客観的な時間に沿って生きてきたと思っているから、過去があったと感じているだけだ。本当のところは、あなたの主観的な過去は、時系列には並んでいないのである。3歳の頃のこと、20歳の頃のこと、40歳の頃のこと……というように、客観的時間の流れに注意を向けるからこそ、時間感覚が想起される。

あなたの思い出は時間とともにあるのではなく、いまここにあるのだ。未来についても同じで、主観的な未来は、当然ながら一定の速さでは進まない。1年後、2年後、3年後……というように、一定の速さで進む未来を想像することはできるが、それは一定の速さで進む時間に束縛されることをそのまま意味しない。

過去も未来も幻想であり、わたしたちにはいましかないのだ。

第1章で、「心は幻想であり、いまのクオリアも幻想である」と書いたので少しややこしいかもしれない。正確に書くと、わたしたちは、いまのクオリアという幻想をありありと感じることができるが、「過去や未来のクオリア」という幻想は感じることができないという意味だ。

過去を思い出すことはできるし、未来を想像することもできる。

だがそれは、「いま」でしか体験できないものである。

繰り返しになるが、スティーブ・ジョブズは、「今日が人生最後の日だと仮定して、やるべきだと思うことを実行せよ」といった。また、「あなたの時間は限られている。だから他人の人生を生きたりして無駄に過ごしてはいけない」という言葉も残した。これは、わたしたちにはいましかないのだから、いまこの瞬間の1秒1秒を生きよということを意味するのだろう。

しかし、人は、いまこの瞬間の1秒1秒を生きよといわれなくても、もともといまこの瞬間の1

秒1秒しか生きられないし、それは幻想なのである。

主観的には死は存在しない

「いましか生きられない」とは、一体なにを意味しているのか？

死の話に戻ろう。

まず、「あなたが死を味わう瞬間はけっしてやってこない」ということについて述べよう。これは、眠りにつく瞬間を自覚できないのと同じだ。死の瞬間に、主観的ないまはないからだ。また、死の瞬間をエピソード記憶として思い出すことはできない。

つまり、主観的には死は存在しないことになる。

もちろん、死の瞬間を恐れることはできる。だがしかし、その先の未来はあくまでも幻想だ。眠りに落ちる瞬間を意識できないのと同じように、あなたは自分でもわからないままに、死ぬ。ならば、生きているいま、不安や死の恐れに囚われることにどんな意味があるだろうか。

過去だって同じだ。この世には過去の傷や悩みなどに囚われて、結果的に精神を疲弊させてうつ症状になってしまう人もたくさんいる。ポストパンデミック時代には、そんな人がますます増えていく可能性があるし、実際に増えていることも調査から見えてきている。

しかし、実際には過去もない。わたしたちには徹頭徹尾、「いま」があるだけだからだ。ならば、過去の苦しい記憶をいま再生し続けて、いまの苦しみがなくならないことになんの意味があるのだろう。

だからこそ——人によってはお気楽に聞こえるかもしれないが——あえていおう。

いまを幸せに生きると決めれば、幸せに生きることができる。

つまり、過去についての悩みも、未来についての不安もすべて幻想なのだから、いまをいきいきと生きればいいだけなのだ。そう決めて、そう生きるだけなのだ。ほんの束の間の人生である。それを幸せに生きるか、不幸せに生きるか。それはもう、選択の問題なのだ。だったら、幸せに生きたほうが、有り体にいえば「得」ではないか。

大きな視野で物事を見ることは幸福度を高める効果がある。バッソらによる図形を用いた実験によると、視野の広い人は狭い人よりも楽観的で幸福な傾向があったという研究結果が得られている。また、認知行動療法ではうつ症状の人に対し、基本的に「視野を広げる」行動を促していく。そうする理由は、うつ状態の人は視野が狭くなって、不安や悩みで頭がいっぱいになる傾向があるからだ。そこで、自分を客観視するための種々のワークに取り組み、「わたしは小さいことで悩んでいたのかもしれない」と気づくことによって、症状の改善を目指す。

いま仕事や生活上のピンチで苦しんでいる人や、過去にした行いを後悔したり、経済的に将来を心配したりしている人もいるだろう。そんな人も、まずは自分を異なる角度から客観視することが有効である。

すなわち死を理解するとは、俯瞰的な視点から「自分の悩みの小ささ」を理解する道でもある。あるいは、自分がいつ死んでもおかしくないことや、すでに死んだような存在でもあることを深く理解できれば、逆にいま偶然が重なって生きていることのありがたさを感じられるはずだ。そうしてこそ、わたしたちは、いまに集中して生きられるのだ。

あなたは本当に「あなた」なのか？

さて、ここまでわたしは、あたりまえに「自分」という言葉を用いてきた。

だが、わたしたちが生きている時間や空間ですら人間がつくった定義の結果であると考えると、この自分についても疑いの目を向ける余地があるだろう。

「わたしは、わたしなのか？」「あなたは、あなたなのか？」という疑問だ。

わたしはロボット工学を研究していたので実感できるのだが、手にラケットを持ったロボットにボールを打たせるとき、最初は手を動かすのが下手でも、（ロボットの）脳にニューラルネットワークによる制御系を組み込んでおくと、やがて訓練するうちに手を思ったところに止められるようになる。ラケットは身体ではないのに、ラケットにボールが当たるように学習するわけである。

人間も同じだ。つまり、思い通りにラケットを扱えるようになるのは、脳がラケットを「身体の延長」と捉えるメカニズムがあるということだ。専門用語を用いて解説すると、小脳のニューラルネットワークがフィードバック誤差学習[※6]をした結果、運動のフィードフォワードモデル[※7]を獲得するからである。すると、以下のような説明が可能ではないだろうか。

仮に、自分の意志でコントロールできる範囲までを「自分」と呼ぶとするなら、ラケットも自分（の一部）といえるのではないか。少なくとも脳は、自分の一部を動かす回路と同じような回路を用いてラケットを動かすので、脳のその回路はラケットを自分とみなしていると考えられる。

もしもそうなら、自分が運転する自動車や自転車も自分といえることになる。もし会社で命令した通りに部下が動くなら、部下も自分に含まれる。さらには、たとえば本を書いたことが世界中の人に影響を及ぼすなら、世界中が自分ということになる。突飛なようだが、脳のある部分はそう捉えてコントロールしているのだ。

ただ、ここでまた疑問が浮かんでくる。わたしたちの心臓をはじめ体内にある器官は、確かに自分自身のものと思える。しかし、あなたはそれを自分の意志でコントロールしているだろうか？いや、そうではない。脳が無意識に処理しているはずだ。ならば、脳が無意識にコントロールしているものも含めて、あなたというべきだろう。

そう考えると、無意識に振ったラケットや、無意識に閉めた自宅の鍵や、無意識のうちにプレッシャーをかけた部下も、本の記述が影響を与えた地球の裏側にいる人も、自分ということになる。

こう考えていくと、どこまでが「自分」なのか次第に曖昧になってくる。果たして、あなたとそうでないものとを分ける境界はどこにあるのか。それは、定義次第なのではないか。

世の中では「身体の表面（皮膚）」までを自分と考えるのが一般的だろう。しかし、もし身体の表

※6　生体の運動制御における学習機構。計画した軌道（運動）と実際の軌道（運動）のずれを逐次フィードバックしながら修正を加え、できるだけ誤差を小さくするように学習する仕組み。学習の結果、フィードバックだけでは困難な動作を「フィードフォワードモデル」（※7）で実現することができる。

※7　目的とする運動に必要な運動指令をあらかじめ脳内で計算しておき、フィードバック情報に頼らずに運動する制御モデル。

面が境界ならば、朝食で飲み込んだ牛乳だって自分になってしまう。いや、牛乳は牛乳だといわれるかもしれない。胃や腸の内面は皮膚などの身体の外部表面とつながっているから、外部とみなす考え方もある。ならば、飲み込んだ牛乳は胃のなかにあるときは牛乳だが、吸収された瞬間に自分になるのだろうか？

あなたは美容院で、シザーを使いカットされた自分の髪の毛が床にパラパラと落ちているのを目にするだろう。すでに、よく研がれたシザーによってあなたの身体から完全に切り離されているのに、その髪の毛を見て、あなたはそれらをまだ生きた自分の一部と感じるだろうか？　カットされたあとで、髪の毛がいきいきと自分の一部として生きているとは感じないのではないか。

自分の心も同様に曖昧だ。

わたしは子どもの頃、「自分だけが自分である」ことに圧倒的な孤独を感じていたと述べた。それは地球上に生を受けた膨大な数の人間のなかで、なぜ自分の心が、自分の身体と対応しているのかという疑問だった。なぜ自分の心はほかの国の人間ではなく、ほかの街の人間でもなく、隣に住むおじさんでもなく、この自分の身体に宿ったのか？

その答えは、すでに第1章で出ている。ひとつの身体にひとつの心という「幻想」がセットになっているために、なぜ「わたしの心」は「わたしの身体」に宿ったのかという問い自体が、錬金術同様に間違っていたのだ。わたしたちは、心を身体から独立した存在と捉えるから、わたしが子どもの頃に思っていたような疑問が生じてしまうのだ。

「自分」という定義は、思いのほか曖昧なのだ。

たまたまわかりやすく便利だから、多くの人は自分の皮膚までを外部との境界と考えている。しかし、自分というものは、定義次第で境界も意味も変わる危うい存在なのである。

そんな自分という得体の知れないものの存在を強く信じてしまうから、多くの人が生きづらくなっているのではないだろうか。

わたしたちは生まれてから数年のあいだ、「自分」という概念を知らなかった。しかし、数年すると「自分」という言葉を学び、覚え、あたりまえのように使うようになる。「自分」という言葉を覚えた頃から、ほかの物事にも名前をつけ定義づけをするようになる。これは、人間や社会がつくった幻想を次々と教え込まれていくことなのではないだろうか。

わたしたちは、「自分」の存在を必要以上に敏感に感じ取らざるを得ない社会に投げ込まれているから、自分の将来を不安に思ったり、すべての人にいずれ訪れる死を恐れたりしてしまうのではないか。自分を定義するから、自分があるかのように認知する。死を定義するから、死を恐れてしまう。

だが、世界は単に全体としてあるだけであって、その世界には、自分も死も存在しないのではないだろうか。すべては連続したひとつなのだ。自他非分離である。

「先のことを考える」ことの極限は、「死について考える」こと

「先が見えづらい」ともいわれる不安な時代を生きるわたしたちにとって、不安の最たる原因である死に対し、様々な角度から思索してきた。最終的には、そうして生きて考える「自分」の定義さえも疑うべきであることについても述べた。

自分がいて、他者がいる。死があるから、生がある。主観があるから客観があり、能動的に行動しているようで、実のところわたしたちは受動的な存在である。

しかし、このように二項対立の図式で物事を考えるのもまた、物事を考えやすいように単純化しているだけなのである。これは、近代以降※8のわたしたちに特徴的な思考フレームであるが、現代では、「素粒子論」「複雑系の科学※9」「脳神経科学※10」をはじめとする現代科学により、二項対立的な思考の限界はあきらかにされている。近代以降の哲学がポストモダン※11へと進んでいったのも、近代的思考の限界に対応している。これらの点については218ページから述べる。

現代とは、科学的にも哲学的にも、二項対立的な生と死という図式を超えるべき時代なのである。死に徹底的に向き合うからこそ、生の本質が見えてくる。その意味では、生と死をセットにしてすべてを全体として捉えるやり方によって、全体を理解できるだろう。このことについても、太極図を用いながら212ページで述べる。

かくいうわたしも大学教員として働き、日常生活を過ごすなかで、二項対立で物事を考える機会

※8　西洋史では一般に15～16世紀以降を指し、ルネサンス、大航海時代、宗教改革などが幕開けとされる時代区分。あくまで相対的な時代区分であり、市民革命による領主制や身分制の廃止によって、近代社会が成立したとする立場もある。特徴づける思想傾向としては、個人主義、合理主義、世俗化、自由主義などで、科学や技術の進歩と結びついた産業資本主義の発達を、近代化の起動力とみなす考えが有力。

※9　複雑系とは、相互に関連する複数の要因が合わさって、全体としてなんらかの性質やそこから導かれる振る舞いを見せる「系」であり、しかし全体としての挙動は個々の要因や部分からはあきらかでないものを指す。それらの現象に対して、科学的に研究する領域のこと。モデルとしては、蟻の巣、人間の経済・社会、気象現象、神経系、細胞、

は多いのが現実だ。学生たちを指導するときに、二項対立的な思考を用いなければ「答えはなんでもいいよ」となって正解も誤りもないことになりかねないからだ。ときと場合によっては、きちんと二項対立のもとで説明しなければ知識を伝達することができなくなってしまう。

重要な点は、それはたまたま思考を展開するのに便利だから使うフレームであると自覚することであり、二項対立的な、いわばロジカルな思考だけが絶対の真理を見出せるツールだとは考えないことではないだろうか。とりあえずは、皮膚を他者との境界線として「自分」とみなすのと同じように、二項対立的な論理とは、ただ便利だから使っている道具であることを自覚するべきなのだ。

何度も述べているように、クオリア自体が幻想なのだから、わたしたちはただ仕組まれたプログラムに従って動くだけの、もともと死んでいるような存在である。それでも、幻想である生のクオリアは強烈なので、本章ではわたしたちの死にまつわる種々の幻想について述べてきた。

わたしたちは、きちんと先を見据えて、つまり、死を意識して生きるべきだ。第3章で紹介する幸福学の研究によると、直近の目標と将来の目標が一致している人は、幸せな人であることが知られている。つまり、「先のことを考えて生きよう」の究極である「死について考えて生きよう」ということこそが、もっとも考えるべき事柄である。

人間を含む生物や、エネルギーインフラや通信インフラなどが挙げられる。

※10 人間を含む動物の脳と、それが生み出す機能について研究する学問。感覚入力の処理（視覚・聴覚認知など）や運動制御、記憶、学習、予測、思考、言語など高次認知機能と呼ばれるものや、情動に関するものを対象とする。

※11 現代という時代を、近代が終わった「あと」の時代として特徴づけようとする言葉。また、理性による啓蒙を基本とする近代的な社会、制度、思想等の一元的な原理（合理主義的傾向）を批判し、消費社会や情報社会に対応した知や実践のあり方を模索する思想的・文化的な傾向のこと。フランスの哲学者であるジャン＝フランソワ・リオタールが用いて、広く知られるようになった。

いずれ「無に帰す」からこそ、生まれてきてよかった

ここまで、「死」について掘り下げてきた。死の不安を、「生」のエネルギーへと反転させる手掛かりを探るためだ。

「心に意味がないなら、そもそも生まれてこなくてよかったのでは?」と思われる人もいるかもしれない。近年では、反出生主義について論じられた『生まれてこないほうが良かったのか? 生命の哲学へ!』(筑摩選書)という本も話題になった。

第3章で紹介する幸福学の立場から見ると、「生まれてこないほうがよかった」と思うのは、自己肯定感が低いために自己受容が容易ではなくなっている不安の強い状態である可能性が考えられる。先に、「日本人は心配性遺伝子を持つ人が世界でもっとも多いレベル」と述べたが、日本人の多くは普段からなんともいえない不安なもやもやした感情を多かれ少なかれ抱えて生きていると考えられる。

実はごく最近も、わたしの知人が「なんともいえない不安感にもう5年間もつきあっている」と話してくれたことがあった。彼は元気でポジティブなことで著名な人なので、「わたしなんかが」「生きることがつらい」「わたしが生きている意味などあるのだろうか」と悩んでいることに驚いたものだ。

かくいうわたしも、そんな漠然とした不安を抱えていた時期があった。中学1年生の頃のいじめられていたときや、まだ若く仕事に悩んでいたときなど。誰でも多かれ少なかれ、生きる不安に苦

しんだ経験があるのではないだろうか。

しかしわたしの場合、人間はロボットと変わらない、すでに死んでいるような存在だと腑に落ちたことで、いま生きているのはとても幸運なことだと考えるようになった。これが自己肯定感や自己受容につながって、生まれてきたことに対して肯定的になれたと感じている。


「生きている意味はあるのだろうか?」へのわたしの答えは、「意味はない」だ。人間とはたまたま生物が進化した結果として生じたものに過ぎず、形而上《けいじじょう》学的な意味はないと考えるからである。人は意味もなく生まれてきて、いずれあっという間に死ぬ生物に過ぎないと考える。

わたしたちは、進化の帰結として、いまたまたま生の幻想を一時的に感じているだけなのである。無から宇宙ができて、有機物ができ、生命が誕生し、人類が生まれた。そこから人類の歴史がはじまり、そのなかのひとりとしてわたしたち一人ひとりの身体が生を受け、それに伴い一体にひとつの心なるものが生じて、いまここで一時的な幻想を手にしている。ただそれだけのことだ。

見方を変えると、幻想とはいえ生まれてきたこと自体、極めて幸運なことである。いまここで生きるわたしやあなたの1秒1秒が、想像を絶するほどの幸運な出来事なのだ。

ならば、小さな地球に同じようにして生きている、凄まじく幸運なわたしたちは、みんなでもっと手を取り合って、この稀有な生を満喫すべきではないだろうか。不安や死の恐怖に怯えるよりも、生の一瞬一瞬を、ともに喜び合い助け合うべきではないだろうか。

たとえそれが、幻想だとしても——。

「生まれてこなくてもよかった」と「生まれてきてよかった」は、ちょっとした見方の差でしかない。要するに、生はすべて無意味なので、もともとポジティブでもネガティブでもなく、中立である。それを主観的に、つまりいわばあとづけで、ポジティブに捉える人とネガティブに捉える人がいるということだ。本当はどちらでもいいのだから、「別に生まれてこなくてもいい」「別に生きなくてもいい」と考えてもいいし、「生まれてきてよかった」と考えてもいいということなのだ。ただ、どちらでもいいのなら、ポジティブなほうがいいではないか。

こういうと、「わたしはつらくてそんなことを考えられない」「幸せな人は理想を語れていいよね」などという意見が少なからずある。そんな言葉を聞くたびに、わたしの心は痛む。つらくて理想を語れないという人にこそ、ポジティブの側に立ってもらいたいからだ。本書も、すべての人がこの奇跡的な生を満喫してほしいから書いているのだが、受け入れられないという人がいるとしたら、よりわかりやすく書くためにわたしも研鑽を積むべきだと思う。

そして、そんな人にわたしはいいたい。あなたがどう思おうと、わたしは「あなたが生まれてきてよかった」と思う。あなたは、なにも欠けることのないこの宇宙のなかの、かけがえのないピースなのだから。

もちろん、冷静に考えると、不安が蔓延する社会において「生まれてこなくてもよかった」「別に生きなくてもいい」と考えること自体にはおおいに意義はある。本書のような議論や、様々な学問のきっかけをかたちづくるからだ。

倫理学は、倫理問題の発生を予防する予防倫理と、より良い世界をつくっていく志について議論する志向倫理に分けられる。医学は病気を治す医療と、予防する予防医学に分けられる。心理学には、心の病に対応する臨床心理学と、一般の人の心の状態をより向上させるためのポジティブ心理学がある。いずれも、前者はネガティブな状態に、後者はポジティブな状態に対応するものだ。どんな事象にもネガティブとポジティブの側面がある。

ネガティブへの対処は重要である。しかし、もしもどちらに着目してもいいのだったら、もっとポジティブな面に注目してみてもいいのではないだろうか。

「生まれてこなくてもよかった」と「生まれてきてよかった」の話に戻ろう。この構造も同じである。死んだら無となる。だったら、どうせ無に帰すのだから「生まれてこなくてもよかった」と考えるのも、素晴らしい奇跡として一瞬の生を満喫するために「生まれてきてよかった」と考えるのも、自由である。どちらでもいいのだったら、後者にしてみてもいいのではないだろうか。

わたしは後者の立場で生きていきたいし、多くの人にそのように生きてほしいと願う。

死んだら無となる。または原子や分子に分かれて宇宙に戻る。そして再び動植物の一部になることもある。本来、無であったわたしたちが、美味しいものを食べたり、誰かと笑顔で話し合ったり、つながったり。そんな豊かさを100年体験し、また無へと戻っていく。そんなわたしたちの生とは、なんと幸運なことではないだろうか。

みんな、生まれてきてよかったのである。

死とともに生きるべき

人間は、脳の発達のおかげで、ほかの種と比べて圧倒的に未来を明確に描くことのできる生物だ。「夢を持とう」「目標を持って逆算して生きよう」と考えることもできる。将来の夢や希望に思いを馳せるのは悪くないことだ。だが、夢や希望にネガティブにフォーカスすると、将来やってくるかもしれない経済的困難や病気などの不安、また確実にやってくる老いや死が、まるで人生の足かせのように見えてしまうかもしれない。

「先のことを考えて生きる」の究極は、死を考えて生きるということだ。病気や老いや死の不安について考えるよりもさらに先にあるのは、誰にでも確実にやってくる死とはなにかを考えることだ。「死を想え」である。

いまとても元気にしているあなたも、明日にだって死ぬ可能性がある。いや、すでに何度も述べたが、わたしたち人間はそもそもいま死んでいるようなロボットのような存在なのである。にもかかわらず、死について考えることを先送りにして、「自分はまだまだ元気だ」という根拠のない仮定のなかで生きていても、最後が不明確なので、宙に浮いたような中途半端な生き方になってしまう。

死を想うことは、絶望に向かって生きることではない。そうではなく、つねに無に向かいながら希望とともに生きるための俯瞰的な立場への立脚だ。

死を想うとはどういうことかというと、これまでも述べてきたように「どうせいつか死ぬのだから、幸せに生きても不幸に生きてもたいした違いはない。どちらでもたいした差がないのだったら、幸せを選んだほうがいい」と、腑に落ちた納得感を得るためのプロセスだ。そちらの生き方のほうが、1秒1秒生を実感して、束の間の人生を充実させることができるのだから。

確かに死は嬉しいことではないが、死という終わりを徹底的に見据え、人生のはかなさや生きることの諸行無常を正面から感じたうえで、5年後、10年後を考えたほうが、1秒1秒を本気で生きることができるのである。

そんな生き方を少しずつでも無意識にできるようになると、感性が豊かになり、人生に彩りが増え、無駄な悩みが減り、幸せな人生へと近づいていける。

ここまで、自分はないと考えることや死について考えることによってこそ、いきいきとした生が浮かび上がってくることについて述べてきた。しかし、これまでの説明では納得できない人もいるかもしれない。自己の幻想性や、自他の境界の希薄化の話はわかった。もっと現実的で具体的な話を聞きたい、と。

そんな人には、実証科学の結果を提示するほうが、納得感があるのかもしれない。そのひとつは、「幸福学」である。幸福学とは、わたしが長年研究してきた、統計学・心理学に基づく事実の認識法である。

幸福学は人類の知恵であり、生き方のヒントに満ちている。そこで次章では、「幻想である人生をいかに生きるべきか」という問いに答えるための、現代人類が手に入れた科学的知恵――「幸福学」について俯瞰しよう。

第3章

幸せの連立方程式

生きてよし、死してよし

幸せとはなんだろうか？

幸せとはどんな状態だろうか？

幸せと聞いて想像するのは、感情的な幸せを表す英語の「happy」のイメージだという人もいるだろう。楽しく、嬉しく、ポジティブで、元気に満ちた状態。アメリカ人は笑顔が多く、このhappyが得意な人たちだ。わたしはアメリカに住んでいたこともあるので、実感としてよくわかる。

一方、日本語の「幸せ」はもともと「し合わせ」だったといわれている。「する」＋「あわせる」である。「自分がなにかをすることで、ほかのなにかとたまたま巡り合う」状態を指す。良い天気、悪い天気といった表現と同じように、良いし合わせと悪いし合わせを含めて、「し合わせ」という言葉で表されていた。ここでの幸せは、能動的に目指すものというよりも、偶然の巡り合わせを受け入れるような受動的なあり方だったのではないかといわれている。

また本来、幸せと「運」は表裏一体だったといわれている。中国語の幸运（幸運）は「運が良い」という意味のみならず「幸せ」という意味も持っている。英語のhappyはhapというラテン語から派生しており、hapには「運」という意味がある。言語が生まれた当初の概念では、幸せとは「運のいい」ことであり、「運のいい人はいい人生を送り、運の悪い人は苦労する」といった意味合いを有する概念だったようである。

だが、心理学や統計学が進歩した現在では、運のいい人だけが幸せになるのではなく、「感謝をすると幸せを感じられる」という研究事例からわかるように、心掛けや行動次第で幸せになれることがわかってきた。このためわたしは、科学的研究結果からの帰結として、幸せは積極的に目指すことのできるものだと考えている。

さて、現代科学における「幸せ」の定義について解説しよう。第1章でも述べたように、わたしは、「幸せ」は「ハッピー（happy）」よりも「ウェルビーイング（well-being）」に近い概念であると考えている。

ウェルビーイングは、１９４０年代に、ＷＨＯ憲章の健康の定義のなかで用いられた単語であることが知られている。すなわち、「（広義の）健康とは、身体的、精神的、社会的に極めて良好な状態である」という広義の健康の定義のなかの、「良好な状態」と訳される部分である。最近は「満ち足りた状態」と訳されることが多いが、直訳としては「良好な状態」のほうが直接的であろう。長いあいだ、日本ではウェルビーイングという単語は一般用語としては使われていなかったが、学術界では使われていた。医学界では「健康」、心理学界では「幸せ」、福祉業界では「福祉」という意味として。そういう意味では日本語には訳しにくい言葉であるといえよう。ちなみに英語では、well も being も基本的で平易な単語であるため、well-being に難解なイメージはないものと思われる。一方、カタカナでウェルビーイングと書くと、長く得体の知れない単語という感じがするため、これまで長く一般化しなかったのだろう。

ところが近年では、「ウェルビーイング」という単語をよく見かけるようになった。とくにここ数年は、一般社会において「幸せ」に近い意味で用いられることが多い。これは、主観的ウェルビーイング、すなわち幸せについての学術研究が進展したことと、社会が幸せを希求していることの両面が影響していると考えられる。

研究によると、お金や地位など、他人との比較によって得られる幸せよりも、健康や家族との時間といった他人とは比べられない幸せのほうが長続きすることが知られている。

では、他人とは比べない、長続きする幸せとはどのようなものであろうか？　詳しくはあとで述べるが、簡潔にまとめると、「やりがい」と「つながり」のある人生であるといえよう。やりがいとつながりのある人生は、鮮やかで豊かな人生である。

しかし、これまで述べてきたように、生ははかない幻想に過ぎない。誰の人生も、いつの日か終わる。それゆえに、終わりを意識してささやかな人生を楽しむべきなのだ。そして、死んだあとは永遠の平静となる。どちらも、つまり生も死も、満ち足りたものにすべきである。

武蔵野大学の学長であり浄土真宗の僧侶でもある西本照真《にしもとてるま》先生が、一緒に主催するshiawaseシンポジウムでおっしゃった言葉が印象に残っている。

その言葉とは、「生きてよし、死してよし」であった。

「幸せ」はいつも人類のテーマだった

人類は、はるかむかしから幸せについて考え、幸せになりたいと願ってきた。

生きとし生けるものはいずれ死を迎えるが、死をもっとも認識している生物は人間である。犬や猫などの人間以外の哺乳類は、エピソード記憶の仕組みが発達していないことや、言語などの高度な知能が人間ほどには発達していないために、親や仲間が死んだことはわかっても人間ほどには深い悲しみは湧かないと考えるのが一般的であろう。もっとも人類に近い知性を有するとされるゴリラやチンパンジーを観察しても、怒りや喜びの感情は豊かであるものの、悲しみや苦しみといった複雑な感情の表現には、人間ほどの深さはないように見える。

死という現象とそれにまつわる苦々しい感情を「認識できてしまう」人間は、約20万年ものあいだ、「どうすれば幸せに生きることができるのか」「どうすれば苦しみや悲しみを避けられるのか」を考えてきた生き物だということができる。

人類は、やがて言語を操るようになった。その結果、幸せと不幸せについて言語を用いて深く考えるようにもなった。言い伝えのようなものから、やがて神話が記され、紀元前5世紀頃になると現在も続く主要な信仰や思想（仏教、ヒンドゥー教、儒教など）が登場し、世界の東西で大きく歩み方の違いが生まれた。

神話については数多くの研究があるが、日本の神話もネイティブアメリカンの神話もポリネシアの神話も、実は西アジアにルーツがあると考えられている。多神教の世界観だ。ギリシア神話も多神教である。アフリカで誕生した人類がやがて西アジアあたりに移動し、同じような言い伝えの源流をつくったのだろう。

そこから東へ向かった人たちと西へ向かった人たちとでは、伝承の形式は少しずつ異なった。ただし、その内容には類似性がある。たとえば、「お嫁さんをもらって幸せになった」とか「悪魔に取り憑かれて不幸になった」というように、どの言い伝えや神話のなかにも似たような幸せと不幸せの話が登場する。これは、同じルーツを持つからなのではないだろうか。

哲学も同様だ。哲学は東洋哲学と西洋哲学に分けられる。しかし、根本的な言説は似ている。古代ギリシアの哲学者であるアリストテレスは、「幸福は誰もが求める最高の目標である」と述べた。ブッダは、「一切の生きとし生けるものは幸せであれ」と人々の安寧《あんねい》を願った。

その後、近代になると、産業革命によって西洋が社会経済的に優勢になり、近代科学が目覚ましく発展していく。18世紀には、イギリスの哲学者であるジェレミ・ベンサムが「最大多数の最大幸福」という全体最適化の概念を提唱した。これは「幸福は結果として目指すべき」という立場で、なるべく多くの人が幸せを得られるような社会経済システムが優れているとした。功利主義である。

現代とは、そうした近代西洋型の考え方が世界の多くの地域に広まった世界である。そんななか、現代の心理学の研究方法を中心にしながら、「なにが幸せに寄与するのか」をあきらかにしてきたのが、現代の「幸福学」である。

実のところ人類は、はるかむかしから膨大な経験や知恵を積み上げ、神話や宗教や哲学によって、幸せに生きるためのあり方を求め、継承し続けてきた。「慈悲」「愛」「他者への感謝」など、幸せになるための方法については古来多くの考え方がある。現代の心理学の手法によって行われた研究結果は、それらと類似している。つまり、科学的学問としての幸福学とは、過去に哲学・思想・宗教の世界でいわれていた幸福論を、科学的に追認する新たな試みだということもできる。

幸福学——幸せは原因にも結果にもなる

「幸福学」とはなにかを、もう少し詳しく述べよう。

わたしが定義する幸福学とは、幸せに関連する事柄をあきらかにする心理学的なアプローチと、それをもとにして幸せな職場、幸せな地域、人を幸せにする教育、人を幸せにする製品・サービスなど、幸せな世界をつくるための応用研究までを含む。ここではその前半部分、すなわち、心理学的な研究によってあきらかにされた幸せの基本について述べる。

幸せとなにが関連するかについては、心理学者をはじめとする多くの研究者によって、アンケートを取ったり、実験したり、得られたデータを統計的に分析したりと、様々な研究が行われてきた。その結果、たくさんのことがわかっている。

以下に一部を掲載しよう。

・人と自分を比べ過ぎない人は幸せである。
・自分軸を持っている人は幸せである。
・自主的で主体的な人は幸せである。
・自己決定する人は幸せである。
・なにかを成し遂げた人は幸せである。

・なにかを成し遂げるために努力している人は幸せである。
・目的が明確な人は幸せである。
・成長する人は幸せである。
・自己肯定感の高い人は幸せである。
・自己受容できている人は幸せである。
・楽観的な人は幸せである。
・満喫する人は幸せである。
・視野の広い人は幸せである。
・ポジティブな人は幸せである。
・リスクをとってチャレンジする人は幸せである。
・多様なつながりのある人は幸せである。
・強いつながりや弱いつながりのある人は幸せである。
・利他的で親切な人は幸せである。
・他人のために貢献する人は幸せである。
・感謝する人は幸せである。

まだまだある。

幸せはうつる。不幸もうつる。幸せな人はレジリエンスが高い。幸せは原因にも結果にもなる。人は難し過ぎず簡単過ぎないタスクを行うときに没入・集中できる。没入・集中した状態をフロー

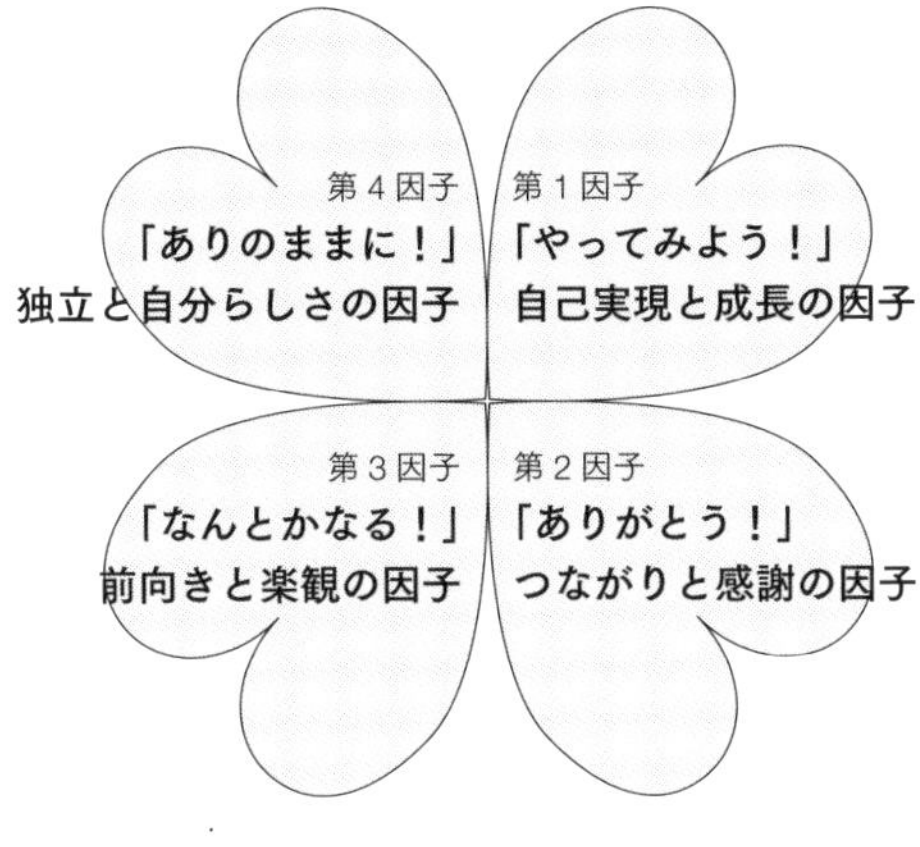

図3-1　幸せの4つの因子

またはエンゲージメントと呼び、それは幸福度の高い状態である。フローに入りやすい人を自己目的的な人という。ピークと最後がよければ幸せだと感じるピーク・エンドの法則が知られている。人はお金や地位など誤った幸せを目指しがちであり、そのことをフォーカシング・イリュージョンと呼ぶ。いまここに集中するマインドフルネスは幸福度を高める。自然の動植物に触れ合うことは幸福度を高める。笑顔をつくったり姿勢を良くしたり、上を向いて大股で歩くと幸福度が高まる……などなど。

　1980年代以降、多くの研究者によって様々な研究が行われてきた結果、いろいろなことがわかっている。しかし、あまりにもいろいろな研究結果が見つかっているので、わたしのグループでは、心の状態に関連する幸せについて因子分析という手法を使って幸せの要因を求めた。その結果が、図3－1に示した幸せの4つの因子だ。図に示したように、「やってみよう！」因子、「ありがとう！」因子、「なんとかなる！」

因子、「ありのままに！」因子である。

本書では、説明のわかりやすさのために順番を変えて、「ありのままに！」因子、「やってみよう！」因子、「なんとかなる！」因子、「ありがとう！」因子の順に紹介しよう。

「ありのままに！」──他人と自分を比べない

まず、ひとつ目に紹介する幸せの因子は、「独立と自分らしさ」の因子である。別名「ありのままに！」因子だ。ふたつ名前があるが、長いほうが正式名称、ひらがなの短いほうはわかりやすさのためにつけたキャッチフレーズ的な名称だ。

この因子は具体的には、「社会的比較志向のなさ（わたしは自分のすることと他者がすることをあまり比較しない）」「制約の知覚のなさ（わたしになにができてなにができないかは外部の制約によって決まるものではない）」「自己概念の明確傾向（自分についての信念はあまり変化しない）」「最大効果の追求のなさ（テレビを観るときはあまり頻繁にチャンネルを切り替えない）」などに関係している因子である。

先に、「いま」に集中して生きることについて書いた。正確には人間は「いましか生きられない」わけだが、そうではなく、過去や未来のことを考え過ぎていまの自分に集中できないのは、多くの場合、自分と他人とを比べているからだ。つまり、他人と比べるから過度に欲望が生じるし、悩みや不安も生まれるのである。

しかも、日本人（東アジア人）は、「人の目を気にする傾向」が強いとされる。集団の調和を重視して、みんなと同じように振る舞うことが秩序を維持するうえで重要とされる社会を長いあいだ続けてきた結果、遺伝子の特徴に差が見られるようになったものと考えられる。それゆえ日本人は、自分と他人とを比べてしまう傾向が強いようである。

オーストリアの精神科医であったアルフレッド・アドラーは、かつて「すべての悩みの原因は対人関係にある」と述べた。これはかなり振り切った定義であるが、アドラーはこれが正しいかどうかを問題にしていない。正しいかどうかではなく、臨床の現場で使えるかどうかという観点からアドラーの哲学はできているのだ。つまり、「すべての悩みの原因は対人関係にある」と考えることによって、多くの悩みは解決できると考えたというわけだ。確かに人が抱える悩みの多くは、対人関係に関連しているといえるだろう。

なんらかの対人関係を想定したとき、つまり人になにかをいわれたり、誰かを見たり、話を聞いたりしているとき、人は自分と他人とを比べがちである。

もちろん社会で生きるうえで、他人と比べざるを得ない局面は少なくない。たとえば、仕事の成果を他人と比べて、「自分はできていない」「自分は能力が足りない」と落ち込むことだってあるだろう。

だが見方を変えれば、これは「仕事ができる人でなければならない」「仕事ができる人間こそ優れている」と思い込んでいるから、そのような劣等感を抱えることになるともいえる。仮に仕事ができなくて嫌だと思うなら、その仕事は向いていないのでやめてもいい。別の仕事でも稼げるだろう。ほかにもいろいろな手段が考えられる。

また、そもそも仕事の出来不出来を他人と比べて判断すること自体に意味がないのではないだろうか。もともと他人と自分とは、能力も生まれた環境も行ってきたことも違うのだから、違ってあたりまえだ。人と比べるよりも「自分の役割を果たせているかどうか」あるいは「自分の過去との比較で成長したかどうか」と考えるほうが生産的である。

このように、人の悩みの多くは「自分の価値を他人との比較から測ろうとする」ために発生している。これこそが、「悩みの原因は対人関係だ」といわれる理由のひとつである。多くの人は自分と他人とを比べ過ぎてしまい、いわば「自分らしさ」を見失ってしまうのだ。

だが、そんな社会的比較志向が強いと思う人も、安心してほしい。人の目を気にする傾向が強い人は、むしろ「自分がどう見えているか」を客観視する能力が高いとも考えられるからだ。

この力は、認知科学では「メタ認知」と呼ばれる。メタとは「超」「上の」という意味で、自分の認知をひとつ上の階層から見ることを意味する。他人と比べて悔しがったり、怒ったり、喜んだりしている自分を客観的に見つめる力があるということだ。この能力が高い人は冷静に自分を観察できるため、なにか一時的な感情を抱いても、本能のままに振りまわされにくい傾向にある。

より重要な点は、自分の状態をメタ認知できる人は、「自分をいい方向へと変えていける」ことにある。いま認知している主観的な自分と、それを冷静に観察する客観的な自分が同時に存在しているので、自分についての改善点を見つけやすいのである。

このように「自分がどう見えているか」からはじめて、「自分はどうなりたいか」と自分の理想を掲げ、それに向かって進んでいくのもいいだろう。何事も大きな変化を起こすには時間やエネルギーがかかるし、いきなりすべてを変えようとすると精神的なリバウンドも起きやすい。だからこそ、自分の変化を観察できるメタ認知を活かし、スモールステップで着実に理想へと近づいていくのがいい。

一歩一歩は小さくても、それをあきらめずに続け、自分の変化や成長をメタ認知し続けることによって、人は変わっていけるのである。

のちにも触れるが、幸福学の研究により、他の人との支え合いによって幸福度が高まることが知られている。人は孤独になると不幸になるのである。グループで活動を行うことも幸福度を高める効果がある。つまり、人とつながり、多様な人たち同士で「助け合う」仕組みをつくって仲良く生きていくことが、自分も含めたみんなの幸せのために重要なのである。

そのため、いくら自分と他人とを比べないほうがいいからといって、比べないために他人と関わること自体を避けるのはおすすめしない。なぜなら、幸せが遠のいてしまうからである。重要なのはバランスである。

つまり、他人と仲良くしながらも、同時に他人と比べないことが幸せへの近道なのだ。

わたしも若い頃は、自分と他人とをよく比べる人間だった。日本人特有の性質を色濃く受け継いだのか、なにかにつけて人と比べて悔しがったり、くよくよしたりしていた。ひとことでいえば、「負けず嫌い」である。負けず嫌いというのは、いわずもがな自分と他人とを比べてしまうタイプということだ。もちろん、負けず嫌いにはいい面もある。人との比較をバネにして頑張る力が強化される場合もあるだろう。

しかし、いくら負けず嫌いで頑張っても、多くの人と同じ土俵で戦っていたら、いつかは負ける可能性が高い。１０００人でトーナメント戦を戦えば、勝者はたったのひとりだけで、９９９人は敗れることになる。世の中には驚くような能力や才能を持った人がたくさんいるのだから、自分と他人とを比べている限りいつかは負ける人生を歩むこととなる。

そこで、若い頃のわたしは戦略的に生きた面がある。戦うゲームを選べるようになった大学高学年の頃から、「勝てるゲーム」だけをするようにしたのだ。特別そこにこだわっていたわけではないが、いまになって分析してみると、無意識のうちにそういう行動判断をしていたと思う。

つまり、苦手な競技スポーツだと負けるので、そのスポーツはしない。絵を描くときも、意識してみんなと違う個性的な絵を描く。ただギターを弾くだけでなく、オリジナルの作曲をする。わたしは、負けず嫌いであるのみならず、目立ちたがりの面もあった。いわば、自意識過剰である。目立ちたがり屋なのも、自分と他人とを強く比べていたからだと思う。どんな些細なことでも、他人と同じ物差しで比較されないことを意識的にするようにしていた。だがそれは、少しずつ自分の個性を伸ばすことにもつながっていた。

そんなあり方は、そのあとも続けた。授業の成績では上には上がいたし、そもそも当時は学問の面白さをわかっていなかったので、やる気がしなくてよくサボったものだ。大学では、画一的に評価される授業よりも、世界にひとつだけの研究のほうが圧倒的に好きだったし熱中できた。のちに大学院に進み、世界にひとつだけの「自分のテーマ」について研究することは面白かった。大学教員になってロボット研究をはじめてからも、「触覚」という、多くの人がやらず今後伸びそうな分野を選んだものだ。

幸せの研究をはじめたのも、心理学、医学、公衆衛生学、脳科学、応用心理学、統計学などの知見を活かした分野横断的な幸福研究が日本ではほとんど未開拓だったため、正直なところ「これなら誰にも負けない」と思った面もある。そうして幸福学をはじめると、当時はまわりから「なんだか怪しいことをやっているね」と思わぬ批判をたくさん浴びたものだが、他人と異なる新しいことに挑戦するのが勝利の方程式だと知っていたわたしは、めげるどころか批判を糧に面白がっていたものだ。

もともとは、負けず嫌いなのに繊細でくよくよするタイプだったので、本能的に自衛策として、人と比べない独自の生き方を選んでいたのだと思う。もちろん、のちに振り返って分析するとそう思えるだけだ。当時の自分はがむしゃらで、ありのままの自分を開発することをメインの理由にするほど戦略的だったわけではない。

会社員生活が向かないと思って大学に転職するのを選んだことも、いま思えば自分の「ありのまま」探しだ。いつも自分なりに、自分が一番個性的な幸せを感じられるほうを選んできた。もちろん、ただ楽なほうを選んだのではなく、ワクワクして挑戦できるほうを選んだ。いま思えば、「他人と比べない」生き方をブラッシュアップしていたのだと思う。

そんなわたしから見ると、世の中のほとんどの人は、「自分だけが勝てるゲーム」を選べていないように思う。多くの人は、勝ち目の薄いゲームに誘い込まれて、嫌々頑張っている場合が少なくないのではないか。なりたい職業や目標が一般的過ぎると、必然的に多くの人とその椅子を奪い合うことになる。その場合、一部の勝者以外のほとんどの人は残念ながら敗者となる。すると、自分だけの才能が活かせずに、時間ばかりが過ぎていく。これは、あまりにもったいない。

みんな、もっと自分のゲームをするべきだ。誰かが決めたルールに従うゲームに身を任せるのではなく、自分でゲームをつくるべきなのだ。負けるゲームをしているとまわりが敵だらけのような気分になるが、自分だけがワクワクしながら続けられる「勝てるゲーム」を創造すれば、まわりと争うことが減り、むしろ応援してくれる仲間が増えていく。

補足しておくが、「勝てるゲーム」という表現は、あえてわかりやすさのために用いた方便であり、本当は勝ち負けを目指すべきではない。勝つこと自体、他人との比較だからだ。「独立と自分らしさ」の因子とは、他人との勝ち負けにこだわらないことであり、ここでいう「勝ち」とは、むしろ他人に勝ちたいという思いから超越し、これまでの自分に勝つことだと理解してほしい。

では、どうすれば（自分に）勝てるゲームができるようになるのだろうか？　幸福学を極めたわたしからの提案は、「特徴的な人になる」ことだ。

これに関連した幸せの因子を紹介しよう。

「やってみよう！」――主体的に生きる

ふたつ目に紹介する幸せの因子は、正式名称「自己実現と成長」の因子だ。わかりやすいほうの名前は、「やってみよう！」因子。

「コンピテンス（わたしは有能である）」「社会の要請（わたしは社会の要請に応えている）」「個人的成長（わた

しの人生は変化、学習、成長に満ちている）」「自己実現（いまの自分は本当になりたかった自分である）」に関係する因子である。

まず、わたしが考える「コンピテンス」とは、他人に打ち勝つことによって得られる幸福感ではない。そうではなく、この地球上に住む約80億人が、それぞれ自分のやり方で、多様な素晴らしさを発揮するという意味だ。外側との比較という意味ではなく、自分の内面との比較のなかでの成長実感につながる、「有能さ」という意味だ。

また、コンピテンスは「社会の要請」に応えることへとつながる。社会の要請につながらないやりがいはない。自分だけが成功するやりがいなどない。もしもそれらを感じている人がいたら、それは中途半端でまやかしのやりがいである。人間は人のあいだに生きる生物である以上、社会の要請につながらない「やってみよう！」はおすすめではないと思う。

もちろん「個人的成長」も、ほかの誰かと能力・収入・地位を比べることではない。自分が関心を持つことをとことん追求し、自らが成長していくことを指す。人は、本当にやりたかったことを見つけ、それをひとつずつ実現していくと幸せなのである。

求められるのは、誰かに決められた目標ではなく、「自分が本当にやりたかったこと」を、自分で決めて実現していくあり方である。そこでは、競争で勝つことや経済合理性、社会的意義よりも、内面の価値が重要である。

地球上のすべての人が、他人との比較ではなく、自分の心の底から湧き上がる心の声に従って、ワクワクしながらなんらかのエキスパートになれる世界――。そんな世界こそが理想である。約80億人の世界中の人が個性を発揮して主体的に生きれば、世界はより多様になり、人々は充実感を得て幸せに生きていくことができるに違いない。

みんなが「やってみよう！」と思う社会をわかりやすく表現すると、みんなが「オタク」を目指す世界だ。わたしのような研究者はオタクのようなものである。たとえばわたしは、いわば、「心の幻想オタク」「幸せオタク」だ。心が幻想であることを語らせたら世界のトップレベルに詳しいし、自信もある。幸せの科学的なエビデンスについては、日本一詳しい自信がある。つまり、「学者」とはオタクである。

同じように、日本なら約1億2000万人がそれぞれ約1億2000万通りの「自分だけの凄い趣味」を見つけられれば、いまのわたしと同じように幸せを感じて生きることができると思う。

それはどんなことでも構わない。わたしの知人の子どもは、魚の体内にある「魚のようなかたちをした骨（肩甲骨と烏口骨がつながった骨で、胸びれを動かすときに使う）」を集めるのにハマっていた。普通に考えればわかるが、そんなものは誰も集めない。しかし彼は、魚市場に出向いて新しい魚を買ってきては、その魚のなかにある「魚のかたちをした骨」をコツコツと集めていた。するとある日、噂を聞いたテレビ局に取材され、番組でさかなクンにえらく褒められたのである。

他人から見たらどうでもいいようなことかもしれないが、少なくともその骨に関して、彼は日本一のコレクターになった。みんながそんな趣味や興味の対象を見つけられると、世の中はもっと生きやすくなるだろうと思う。仕事で怒られて自信を失いがちな人も、「いやいや、私生活では、わたしは誰にも負けない○○のエキスパートだ！」という自信がひとつでもあれば、それが心の支えになって幸せに生きられるだろう。

ちなみに、やりたかったことを実現していくうえでは、「目標」を持ち、それを達成する人は幸せであることが知られている。ポジティブ心理学の創始者であるセリグマンも、「なにかを成し遂げることや、そのために努力していることが幸せに寄与する」と述べている。日常的な目標と人生の目標のあいだに一貫性があると、人生満足度が高くなる傾向があることも知られている。大き過ぎる目標よりも、小さい目標を積み重ねる人のほうが幸福度は高いという研究もある。

以上のように、目標の持ち方については多くの研究があるが、それらをまとめると、「自分が心から関心を持てることと、長期的な人生の目標を見据えながら、スモールステップで達成していく」ことが、幸福に生きるコツといえるだろう。

示唆的なのは、他人と比べず自分の道を歩む人ほど、むしろ人と「つながりやすくなる」という点だ。なぜなら、「○○のエキスパート」は、発信力があり、人から必要とされるし、人目を引くからである。人は、卓抜して熱中できるものを持っている人を見ると、話を聞きたくなるし頼りたくなる。また、別のエキスパートとつなげてみたくなる。「魚の骨」の例でいえば、テレビ番組の制作者が「ちょっとさかなクンと共演させてみよう」と考えたように。もしこれが日本中で起きて、約1億2千万通りの多様な個性が縦横無尽につながったら、あちらこちらでイノベーションが起きるだろう。

ただ残念なことに、日本の戦後教育はその逆を徹底的に行ってしまった。多様な個性を伸ばすよりも、それぞれの欠点を潰して、均一な人材をつくる教育である。もちろん、そうした教育は、均質な人材を社会に送り込む必要があった時代の要請であり、高度経済成長期（大量生産・大量消費時代）

には、確かに効率的かつ有効に機能したといえるだろう。

しかし、多様で先の見えない現在の世界においては画一的な教育の弊害はあまりに大きい。バブル崩壊後数十年を経ても、日本ではいまだ革新的なイノベーションが少ないまま閉塞感から抜け出せない状況にある。

すなわち、日本のこれまでの状況とは、皮肉なことに、「人と違うことをやるのが怖い」と思った結果として「負けるゲーム」ばかり続けているようなものだったのである。

ただし、わたしはこれが失敗だったとは思わない。デジタル化やＡＩ化に乗り遅れた分、このあいだに日本が蓄積したなにかによって、次の時代をリードする可能性は低くないのではないかと思うからだ（それがなにかは、まだ正確には予想できないのだが）。

いずれにせよ、それぞれがそれぞれの特徴を活かして、自分の好きなことに打ち込み、いい部分をうまく伸ばしていくことができれば、将来は明るい。

未来の日本は、多様な人が活躍できる社会になるに違いない。

「好奇心」という特効薬

自己実現と成長を果たすための鍵のひとつは、「好奇心」を持つことである。

好奇心は幸福度に比例することが知られている。好奇心の高い人は幸せで、好奇心の低い人は不幸せである傾向が高い。好奇心が低い状態だと、なにをするにもやる気が出ず、結果的に多様な経験を積むことができず、自信を失う悪循環に陥るからだ。

自己実現について特別に考えなくとも、好奇心が湧きワクワクすることに身を任せていれば、それだけで楽しく幸せに生きられるものである。しかし現代は、そうしたものが見つかりにくい時代でもある。

まず、物や情報があまりに多過ぎて、自分がなにを選べばいいのかわかりにくいことが挙げられるだろう。日常を普通に生きているだけでも情報が押し寄せてくるため、物事の本質を見失いやすい。「自分はなんのために生きているのか?」という、本来、自分で考えて答えを出すべきことまでがよくわからなくなりがちである。

また、現代社会には快楽物質ドーパミンを大量に出させるような刺激的なものが溢れている。ゲーム、スマホ、SNS、インターネット、ショッピング、ギャンブル……。これらに振りまわされてしまうと、自分の生き方やあり方をゆっくり振り返る余地がなくなってしまう。こんなリスクにさらされているのに、リスク回避は自助努力に任されているのが、現代社会の大きな課題のひとつであるというべきであろう。

先述したように、最近の大学生の多くは「なにがしたいのかわからない」という。彼ら彼女らは、自分が本当に打ち込み、人生をかけてやりたいものがまったく見つからないと臆面もなくいうのである。しかし、そういわれてみると、わたしだってまだそんなものは見つかっていないのかもしれない。いまのわたしは「幸せな世界をつくる」ことを重要な目標と感じているが、10年後にはまったく別のことをしているかもしれない。

実をいうと、わたし自身の興味は「幸せ」から「美」へと広がりつつある。最近、書道を習いはじめた。なにを隠そう、習い事をするのは小学校低学年の頃以来だ。習い事は画一的な学びになる傾向があるという偏見からあまり興味がなかったのだが、嶋田彩綜《しまださいそう》先生という素晴らしい先生に出会ったので、思わず習いはじめて、書道展にも出品するようになった。

書道が「自分が人生をかけてやりたいこと」かどうかはわからない。要するに、自分が本当にやりたいことなんて、多かれ少なかれ誰も明確には見つけられていないということなのだ。「最近の若者は夢もやりたいこともない」という大人自身、胸に手を当ててよく考えてみると、自分をわかっていないのである。

わたしは様々な道の達人にインタビューする機会があるが、その道の達人や出家した僧侶が口を揃えていうことは、むしろ、「まだまだ道半ば」である。達人でさえも模索中なのである。いや、模索する者が達人にまで成長するのである。

だから、やりたいことがはっきり見つからなくても気にすることなんてない。ただし、好奇心を持ってそれを模索していく姿勢こそが、幸せな人生にとって大切なのだ。

好奇心があると、「創造性」が育まれる。そして、創造性が高い人は幸せだとする研究結果もある。音楽、絵画、陶芸、ダンスなど、美しいとされるものを「鑑賞」することと主観的幸福との相関は高くないが、それらを「創造」する行為には明確な相関が見られる。美しいものをただ見ているだけでは幸福感はさほど得られないかもしれないが、実際に自分で取り組むと幸せになる可能性がはっきりと高まるのだ。

「主体性」も幸せに影響する。「やらされ感」を持って嫌々行動する受動的な人は幸福度が低く、主体的に行動する人は幸福度が高い。いわば、好奇心はそのための原動力のようなものだ。

仕事でいえば、ワーカホリックとエンゲージメントの違いである。一見熱心に働いているようでいて、心のどこかでネガティブな感情を抱えているのがワーカホリック。一方、エンゲージメントは、仕事が本当に楽しくて没入して取り組んでいる状態である。

不幸せなワーカホリックにならないために、主体性や好奇心は重要視すべき要素なのである。

「なんとかなる!」——未来を信じる

3つ目に紹介する幸せの因子は、「前向きと楽観」の因子である。別名は、「なんとかなる!」因子。

「楽観性（わたしは物事が思い通りにいくと思う）」「気持ちの切り替え（失敗や不安な感情をあまり引きずらない）」「積極的な他者関係（わたしは他者との関係を維持できる）」「自己受容（自分は人生で多くのことを成し遂げてきた）」に関係している因子である。

前向きで楽観的だと幸福度が高まるのは想像に難くないが、実際に幸福度の高い人はいい出来事を思い出しやすく、起こった出来事をポジティブに解釈する傾向があることが知られている。また、外向的な人ほど幸せな傾向があることも知られている。スポーツ活動や社交クラブ、音楽・演劇団体、スポーツチームへの参加といったグループ活動も、主観的な幸福度と相関がある。

これらの研究結果が示しているのは、実際に自分に起きた出来事をなるべくポジティブに解釈し、他人との関わりも意識して増やそうとしていれば、最初は無理にやっている気がしていても、続けるうちにどんどん前向きで楽観的になれるということだ。

「気持ちの切り替え」も同様である。「できないかもしれない」「ダメじゃないか」といったネガティブな表現を頻繁に使っていると、それを一番聞いているのは自分自身だ。脳は聞いた内容を記憶して定着する方向へ働くため、「わたしはできない」「自分はダメな人間だ」と頭に刷り込まれてしまう。

そこで最初は、無理にでもポジティブな表現（「わたしはできる」など）を使ったほうがいいし、心がいい影響を受けられるように自分を注意深く導いていけば、心は前向きでいい状態になっていく。人生とは、自分の心をいい方向に導くロールプレイングゲームのようなものなのだ。

かつて、「主観的幸福の基本水準は、遺伝的な気質によって先天的に決定されている」とする研究結果が発表されたことがあった。また、「人格特性や主観的幸福の約50パーセントは遺伝によって説明できる」とする研究もある。

さらに、前にも述べたように、精神安定に寄与する神経伝達物質セロトニンの伝達を司る遺伝子（セロトニントランスポーター）の型によって幸福度が異なるという研究も行われている。

だが、あきらめる必要はない。性格の半分が生まれつき決まっていたとしても、残りの半分は後天的な努力、つまり自分の心掛けと行動、習慣次第で変えられることが知られている。悲観的だと自覚している人でも、楽観的な自分をつくることはできるのだ。

「そんなに都合良く性格を変えられるわけがない」と思う人も多いかもしれない。そこで、わたしの個人的な経験を交えながら、「ピグマリオン効果」を紹介しよう。

ピグマリオン効果とは、「人間は期待されると、期待された通りの成果を出す傾向がある」とする古典的な心理学理論である。1964年にアメリカの教育心理学者であるロバート・ローゼンタールによって提唱されたこの理論は、ネズミの迷路実験で実証された。

実験ではまず、ネズミを「利口な系統のネズミ」「動きが鈍いネズミ」のふたつのグループに分け、被験者の学生たちに伝える。実はこれらのネズミにはなにも差がないのだが、差があると嘘の情報を伝えたうえで迷路による実験を行うと、前者のネズミのほうがゴールに早く辿り着く結果が多くなった。なぜだろうか？

それは、被験者である学生が「利口な系統のネズミ」だと信じて育てたり扱ったりしたことで、その結果を贔屓目《ひいきめ》に見たり、取り扱いを変えたりしたからである。

小学生の知能テストを題材に、教師に対しても同じような実験を行ったところ、「今後成績が伸びる」と伝えられた生徒のほうが、実際に優秀になったという。これも理由は同じで、「今後成績が伸びる」と伝えられた生徒に対して、教師が期待を込めた眼差しを向けるなど扱い方を変えたからだ。

これらの結果については反証実験もあるが、おおまかにいえば、「ポジティブな期待をされると、期待を意識する結果、期待通りに成長する」可能性を示しているといえよう。

そこでわたしは、当時3歳だった息子にこの効果を試してみることにした。

3歳くらいの頃は、「今後、幸せになる人に育つ」と想像するのは容易だった。しかし小学生になった頃、息子は寝ても覚めてもゲームばかりしていて、「将来、彼は一体どうなるのだろう……?」と少々心配になった。それでも、「いや、大丈夫。きっといい子に育つ」と信じてみることに決めて実験を続行した。疑ったらピグマリオン効果は期待できないからだ。たとえ試験前日にゲームをしていても、テストの前日にゲームをやるなんて大物だな」といってずっと信じ続けたのである。

信じる利点のひとつは、相手のいい面が見えることである。信じてみると、「ゲームばかりする悪い子だ」と思い込んでいたら見えなかったであろう、いい点がたくさん見えてきたものだ。息子の集中力、世界中に友だちをつくる力、ゲームという新しい入出力に慣れる力、入出力機器やSNSを使いこなす力。すべての物事には必ずいい面があり、学びがあるのである。

その後も驚くべき変化が起きた。息子は中学から付属校だったため受験せず大学生になったのだが、大学生になったある日、突然「勉強する」といって机に向かって勉強しはじめたのだ。それまでインターネット回線を使って世界中のプレイヤーと対戦するほどゲームにのめり込んでいた息子が、「ずっと勉強してこなかったからこの先なにになれるかわからないけれど、幸せになれる自信だけはあるから安心して」とわたしの目を見ていったのである。しかも、そう思えるようになったのは、「お父さんが信じてくれたからだ」といった。嬉しいではないか。

もちろん、すべてをピグマリオン効果だけで説明できるとは思わないが、否定せずに信じて育てたからこそ、自己肯定感や自己受容感が高まったのではないかと思っている。わたしの経験から、やはり、ポジティブな期待はポジティブな結果を生み出すといいたい。「そんなことあるわけがない」と思った人は、騙されたと思ってピグマリオン効果の人体実験をしてみてほしい。大切な人や自分に対して、ポジティブに信じてみてほしい。きっと、信じた甲斐があるだろう。

「ありがとう!」——ともに生きる

4つ目に紹介する因子は、「つながりと感謝」の因子だ。わかりやすいバージョンは、「ありがとう!」因子。

「人を喜ばせる（人の喜ぶ顔が見たい）」「愛情（わたしを大切に思ってくれる人たちがいる）」「感謝（わたしは人生で感謝することがたくさんある）」「親切（日々の生活で他者に親切にし、手助けしたいと思う）」などの要素から成り立つ因子である。

日常生活のなかで、あるいは日常から一歩踏み出して、他者との新しい出会いを求め、「つながりと感謝」を持つことが幸せに影響する。

つながるから幸せになるのか、幸せだからつながるのか——つまり、因果はどちらが先でどちらがあとなのかという疑問があるだろう。その答えは「両方」である。様々な研究の結果、幸せの要因と幸せとはどちらが原因にも結果にもなることが知られている。

また、次のページの図3-2に示したように、幸せと不幸せの因果関係はループとしてつながっている。いずれにせよ、「つながりと感謝」は幸せな人生のための鍵である。

では、他者とどんなつながりを求めていけばいいのか?

わたしたちが行った研究によると、「親密な他者との社会的なつながりの多様性（多様な人と接する

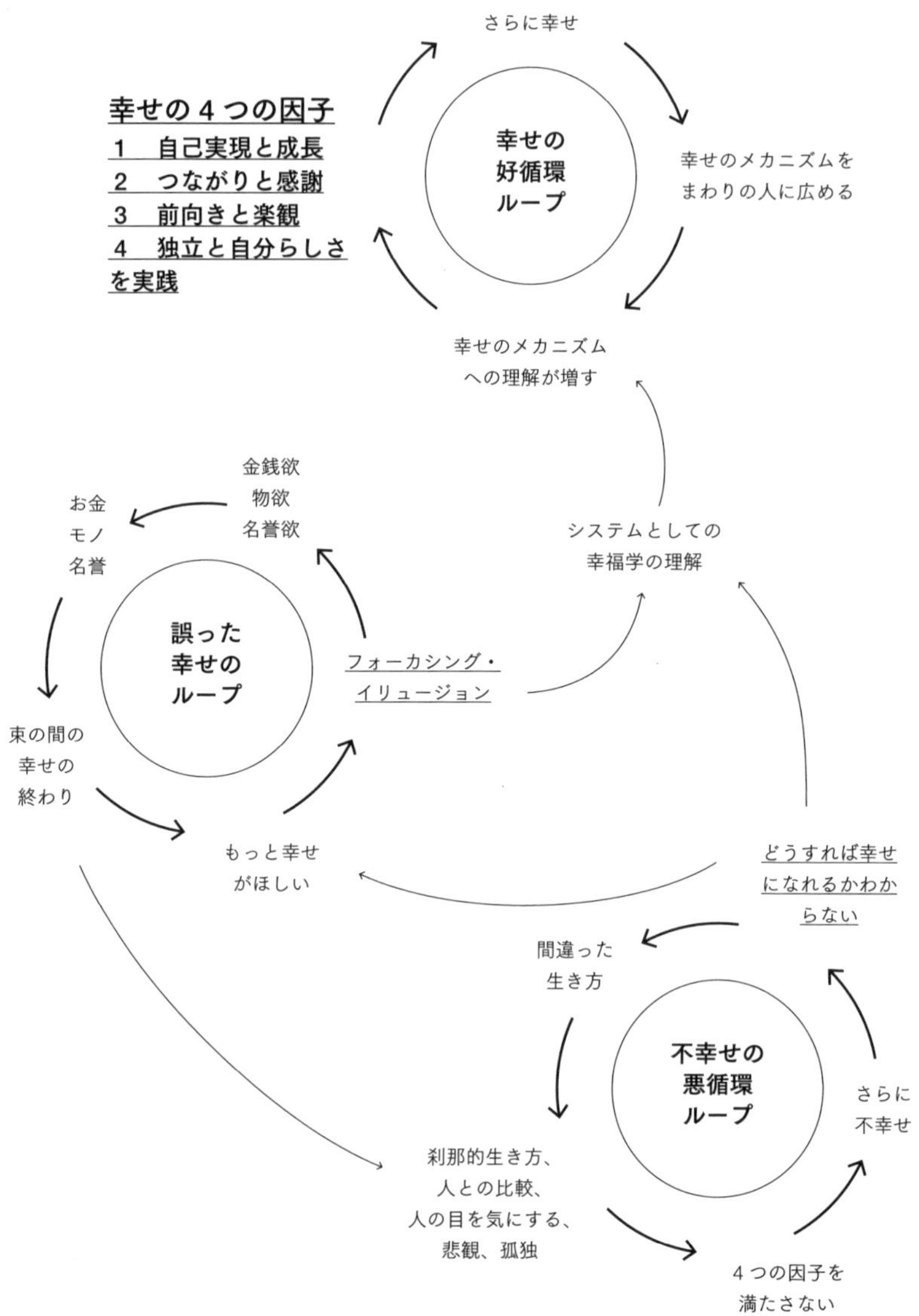
さらに幸せ
幸せの4つの因子
1　自己実現と成長
2　つながりと感謝
3　前向きと楽観
4　独立と自分らしさを実践
幸せの好循環ループ
幸せのメカニズムをまわりの人に広める
幸せのメカニズムへの理解が増す
金銭欲
物欲
名誉欲
お金
モノ
名誉
システムとしての幸福学の理解
誤った幸せのループ
フォーカシング・イリュージョン
束の間の幸せの終わり
もっと幸せがほしい
どうすれば幸せになれるかわからない
間違った生き方
不幸せの悪循環ループ
さらに不幸せ
刹那的生き方、人との比較、人の目を気にする、悲観、孤独
4つの因子を満たさない

図 3-2　幸せと不幸せの因果関係ループ

こと）と接触頻度が高い人は、主観的幸福が高い傾向がある」ことがわかった。一方、「つながりの数（接する人数）は、つながりの多様性ほどには、主観的幸福にあまり関係しない」という結果が得られた。

つまり、同じような友だちがたくさんいる人よりも、人数は少なくても、多様な友だちがいる人のほうが幸せな傾向があるということだ。年齢、性別、国籍、性格など様々な属性・特徴を持つ友だちがいたり、そんな友だちに接する頻度が高かったりする人のほうが幸せなのである。

一方、いくら友だちの数が多くても、たとえば地域の仲間や会社の同僚など、人間関係の幅が比較的均一な人ばかりの場合、多様なつながりのある人と比べると幸福度は高くないと考えられる。

このように、いろいろな人と接していると幸福度が高くなるのだから、地域や職場といった「いつもの人間関係」に終始せず、自らつながりを求める姿勢を持つことが重要であろう。仕事に関連して社外のセミナーに参加してみたり、プライベートで趣味のイベントに出かけたりすることも有効だろう。

幸福学の研究結果から導かれるおすすめは、社会貢献活動に関わることだ。利他的な活動が幸福度に影響することは、これまでにも多くの研究によってあきらかにされている。たとえば、内閣府経済社会総合研究所「若年層の幸福度に関する調査」（2010〜2011年）によると、社会的課題解決のための活動への参加意欲が高い人、すなわち、そうした活動に関わっている（あるいは関わりたいと思っている）人は、関わりたいと思わない人よりも幸福感が高いという結果が出ている。したがって、社会貢献活動を行うと、つながりを増やせるうえに自らの幸福度も高められるというわけだ。

自分勝手な人は幸福度が低く、利他的な思いを持ち他者と助け合う人のほうが幸せであるという傾向は、世界中どこで調べても見られる。「人を幸せにしたい」と思っている人は自分もまた幸せになるように、心はできているのである。

ウェルビーイングは、精神的、身体的、社会的にいい状態を指す。自らが心身ともに健康であるのはもちろんのこと、そんな自分が「社会（他者）」とつながることが大切なのだ。不安や悩みで頭がいっぱいになっている人は、社会にたくさんいる。そんな人に対して制度で支援することももちろん重要なのだが、個々のレベルでの自助努力により、人とつながり、孤独な状態を減らしていくことが求められている。

人間の肉体を見れば一目瞭然だが、クマやトラやゴリラなどの大型哺乳類と力比べをすると、人間はあまりに弱い。しかし、人間は身体能力が劣る代わりに脳を大きく進化させた種である。豊かな感情を持ち、言語を駆使し、高度なエピソード記憶を行い、集団として助け合って生きる生物として進化した。

助け合って生きると幸せになれることは、人間の原理のようなものといってもいいだろう。日本語では、人間は「人の間」と書く。人と人とのあいだに生きるのが人間であり、そうすることで幸せになるのが、人間本来のあり方なのである。

だが、第1章で述べたように、現代のわたしたちはその基本原理を脅かすような社会をつくってしまった。そんな社会において、人と人とのつながりを取り戻す試みは、すべての人が幸せに生きるための、もっとも重要なアプローチのひとつというべきであろう。

わたしたちは、ディストピア禍を生きている

ここまで、科学的研究によって導き出された「幸せの4つの因子」について紹介してきた。これらの因子を意識しながら行動していけば、どんな人でも自分らしい幸せを摑むことができるだろう。つまり、みなが利他的に助け合いながら、やりがいやチャレンジ精神や自分らしさを発揮していく社会が幸せな社会だ。

しかし現代社会とは、自国中心主義・自分中心主義・利己主義から、社会的企業、SDGs、ESG投資のような社会善を追求する利他的な動きまで、すなわち右から左まで、様々な考え方が噴出している社会といえよう。これはもう、カオス（混沌）状態といってもいい。社会の発展に関する考え方も、経済成長至上主義から定常型社会論まで、ありとあらゆるものが出てきている。

社会が人間によって構成される以上、社会にも人間と同じような成長期と成熟期があると考えられる。すなわち、利己的に発展を目指す成長期から、利他的に社会や世界に貢献することを目指す成熟期への移行である。高度経済成長期を終え、「失われた30年」を経た日本社会は、いままさにその移行期にあるのではないか。

黒船が来航した江戸時代末期には、尊王攘夷派や佐幕派をはじめとする様々な動きがあり、日本はカオス状態に陥った。また第二次世界大戦前後も、日本における最大の混乱期と考えることができる。計算してみると、明治維新（1868年）から77年後が、第二次世界大戦の終戦（1945年）である。終戦から77年後は、2022年なのである。

社会は77年くらい経つと、様々な歪みが蓄積して混乱するのではないかと考えられる。社会秩序が老朽化し、格差が拡大するからだ。また、77年も経つと、77年前のことを知っている人も少なくなるため、過去に学びにくくなることも影響するだろう。

だからといって、2022年にいまの混乱がオールクリアされるとまでは思わないが、社会というものは約80年経つとあらゆる歪みが蓄積されて、混乱状態に至る傾向があるのだとすると、またなんらかのかたちで明治維新と戦争に匹敵することが日本に起きてもおかしくない。これまでも述べてきたように、現代社会は不満や不安や閉塞感が蓄積した社会であるように思えるのは、80年間の歪みが蓄積しているからだと考えれば説明がつくのではないだろうか。いまの日本社会は、たくさんの問題が一気に吹き出しつつある社会である。

世界を俯瞰してみても、類似した問題が浮き彫りになってくる。紛争（戦争、侵略、テロなど）や環境問題（気候変動、水・食料不足、海洋汚染など）、貧困問題のような、地球規模の課題に直面する世界もまた、転換期にあるというべきだろう。そんなカオス期に多様な価値観が百花繚乱のごとく現れるのは、むしろ歴史が繰り返す結果というべきではないだろうか。

歪みがどんどん広がっている。戦争が生じたり、世界最大の民主主義国家で独善的な人物が大統領に選ばれたり、一方で、グレタ・トゥーンベリのようなグローバルな影響力を持つ少女が現れたりもする。ポストパンデミック時代——。カオス期特有の歪みのなかで、理想と現実がごちゃ混ぜになり、絶望と希望が同じ容れ物に詰め込まれたような時代。まさに人類は、カンブリア爆発の状態にある。

かつてのカンブリア爆発のあとは、美しい進化が進んだ。人類もそうなるだろう、いつかは。それがすぐなのか、まだずっと先なのか。それは、人類全体の英知次第である。

これからの人類にとって最悪のシナリオは、米中対立やロシア・ウクライナ対立を発端とする第三次世界大戦や世界各地での紛争・流血革命・テロの勃発だろう。現在の国際情勢は、第一次世界大戦前に似ているとの指摘も各所にある。先にも述べたが、尖閣諸島、台湾海峡、南シナ海、中東などでの小競り合いから偶発的な軍事衝突が発生し、一気に日本が巻き込まれるシナリオは十分にあり得る。

そんなとき、自らを殲滅させる力を持つ核兵器と生物兵器を持つ人類は、理性を発揮できるのだろうか？　あるいは本能的な行動に出るのだろうか？

一方、現代社会はかつてないほどつながっている。現代とは、テクノロジーの発展によってほぼすべての国と地域がグローバルにつながり、経済的にも文化的にも互いに影響を与え合う社会である。だから大戦は起きないという人もいる。しかし、人類は本当に賢いのだろうか。自国中心主義・自分中心主義に陥ったアメリカ大統領を支持したアメリカ人が何千万人もいたことを思い出すと、人類はそんなに賢くないと考えるほうが賢明であろう。

世界中の人たちがつながり、より良い平和な世界を求める活動や言論が、施政者も無視できない力を持ちはじめたことも事実だが、それを阻止しようとする勢力が巨大化していることもまた事実だ。

つまり、世界は両極化しつつある。中心が希薄化したから、バラバラのカオスになりつつある。

これまで中心にあった価値観（民主主義、資本主義、成長主義、個人主義など）に綻びが生じたから、両極から引き裂かれそうになっているディストピア禍なのである。

もちろん、両極化リスク以外に、これまでの歪みの蓄積によるリスクも一触即発である。日本の国債の大暴落、中国の株の大暴落、パンデミック、大災害、サイバーテロ、環境破壊、富の一極集中……。それらすべては、人類自身が引き起こすカオスである。

あなたはカオスのなかでどう生きるのか？　一人ひとりの生き方が問われている。

想像し、許し、信じ、対話する

ディストピア禍において、つながりや利他の精神を築き、より調和的な世界を目指すためには、まず「他者を想像すること」が極めて重要なアプローチとなる。他者の立場やその苦しみ、痛み、喜びを想像し、自分たちとは異なっていてもそれを尊重すること。そんな人間本来が持つ「想像力」こそが、いま求められる力なのではないだろうか。

かつて、あるアメリカ人の大学教授と話していて、わたしは大きな違和感を覚えたことがあった。彼が「日本人や中国人のことは理解できない。それは仕方ないことだ」といったのだ。わたし自身の感覚では、中国人の気持ちも（日本人の気持ちほどではないとしても）理解できるし、興味や関心を持って学んでいるから、異なる文化圏に生きるアメリカ人の気持ちもわかる。しかし彼は、（知識人であるにもかかわらず）はっきりと「あなたたちのことはわからない」と述べたのだった。

わたしはこのとき、彼がなぜ他者を「わかろうとしない」のかが理解できず、とても不満に思ったのを覚えている。

似たような話はほかにもある。イスラム過激派組織ＩＳＩＬのジハード（自爆テロ）の話をすると、多くの欧米諸国人は「わけがわからない！」「理解できない！」と吐き捨てる。そんなあり方は、相手の立場や主張を想像することを安易に放棄し過ぎていないだろうか？

もちろん、わたしも自爆テロのような殺戮が「正しい行い」だとは思わないし、殺戮はなくなるべきだと考えている。だが、相手に対して冷静に敬意を表し、状況の意味を理解してから意見を述べるべきだと主張したい。イスラム教の聖典には、「アッラーのために殉死した者は天国へ行ける」と書かれている。キリスト教の十字軍などの迫害を受け続けた歴史を持つイスラム教徒（イスラム教原理主義者）の一部が、アッラーの教えを心から信じた結果、命を賭して戦おうと決断する論理は理解できないだろうか。憎き異教徒に復讐し、聖典に書かれていた通り、英雄となって天国に行きたいと思う人々のことを想像できないだろうか。

それぞれの主張を肯定し、共感しようといっているのではない。逆の立場でもいえることだが、相手の立場について考える想像力と理解力を持つべきだといっているのだ。

他者のことを「想像もできない」のは、あまりに相手の立場を顧みない、人と人とを分断へ導く思考ではないだろうか？　そこに問題があると、わたしは思うのだ。

日本人にもこうした態度を取る人は少なくない。世の中を見渡せば、ネット上の中傷行為や学校でのいじめ、職場でのハラスメントなど、相手の人格を尊重しない言動が溢れている。隣国との歴史問題も、対話が進まず悪化が止まらない状態である。

「あの国は理解できない」「あの国は世界の常識が通用しない」といって呆れ返る自国中心主義的な態度は、文化相対主義[※1]から見ると、想像力に欠けている。そうではなく、互いの立場を想像したうえで、「なるほど、立場が違うから意見も変わるのだ。ならばどうすれば距離を縮められるのか」と考えてみようではないか。

そのためには、相手のことをきちんと想像し、互いに過去を「許し合う」ことがポイントになる。昨日の殺戮《さつりく》を許そうといっているのではない。過去の遺恨を手放すべきである。要するに、「目には目を、歯には歯を」という「復讐の本能」を理性で抑えるべきなのである。しかも、無理やり押さえ込むのではなく、「自然に」である。「憎い相手を許すなんて難しい」という気持ちも理解できなくはない。しかし、復讐の連鎖は誰も幸せにしないではないか。

キリスト教は愛の宗教といわれている。82ページで述べたように、新約聖書には「右の頬を打たれたら左の頬も差し出せ」と記されている。簡単にいえば、「敵であっても許しなさい」と書かれているのである。キリスト教徒も、そうでない人も、その原点に戻るべきだ。

そうして相手を想像し、許したあとは「対話」することだ。相手のことを信じて、好奇心を持って対話する。身近な例を挙げるなら、２０２２年現在、日韓関係は戦後最悪の状態といわれる。この問題もお互いを許すべきだ。必要なら謝るべきだ。どちらかに１００パーセント非があると考えるのではなく、お互いの行き過ぎや言い過ぎを反省し合い、許し合うべきだ。

韓国のカルチャーが好きな日本人は、韓国について好奇心を持って理解できるだろうし、ねじれ

※1 諸文化をそれぞれ独自の価値体系を有する、対等な存在として捉える態度、考え方。各文化は個々の自然・社会環境への適応を通じてかたちづくられたもので、それ自身の価値を有し、互いに優劣や善悪の関係にないとする。文化の多様性を容認して異文化間の相互理解を促し、人類学の基本倫理となってきた。

た歴史問題も、相手を信じて時間をかけて対話すれば解決に向かうだろう。逆に、日本に関心を持つ韓国人が日本人と接してはじめて、自国の反日教育はやり過ぎだと気づいたという話は少なくない。この問題は簡単ではないが、あきらめないことだ。許し、信じ、対話することからすべてははじまるのである。

カオス化する世界のなかで、多様な価値観を持つ人々がつながり合うためには、許し、信じ、対話することからはじめる以外に解決策はない。

成人の心も成長する

人類は、チンパンジーやゴリラよりも大脳新皮質が発達しているため、高い自然言語能力を持つ。その結果として、過去や未来について広い視野から想像することができる。ここまでの議論に当てはめて述べるなら、人間には、「他者に復讐するよりも、仲良くしたほうが自分にとってメリットがある」と考える能力があるということだ。

ところが、感情と理性を天秤に掛けたとき、残念ながら感情優位となる人が少なくない。隣の人のメロンのほうが自分のよりも大きいというくらいの些細な問題なら、人々は理性的な判断をしやすいようである。しかし、領土争いや過去の残虐行為のような命に関わる事態となると、感情優位になりがちである。そんな問題を解決したかったら、やはり許すべきだ。

わたしの父は広島で、妻の父は長崎で被爆した。わたしたち夫婦はいわゆる被爆二世だ。原爆では多くの親戚が犠牲となった。だから、アメリカに憎しみを覚えようと思えば、憎む自分は想像できる。欧米列強の侵略からアジアの平和を守るため、大東亜共栄圏をつくろうとした日本の一般市民に対して、ドイツやイタリアには落とさなかった原子爆弾を落としたのは、人種差別だったのではないか。たくさんの一般市民を巻き添えにする残虐行為を許すべきではない。戦勝者の論理に従い、敗者は全面的に悪かったといわざるを得なかったとはいえ、歴史の歪みは正すべきではないか。そのように自国中心的に考えてみることはもちろん可能だし、そのように考える人がいることは想像できる。しかし、わたしはアメリカを許す。日本も許す。戦争は、どちらも悪かったのだ。どちらも反省すべきだ。どちらも許すべきだ。そして、対話し、信頼し合うべきだ。

　しかし、残念ながら現代社会は、理想の社会にはまだなっていないのが現実だ。人間は驚くべき想像力を持っているものの、その力の使い方がまだまだ下手である。

　それでも、許せないと考える人々を許せないとは、わたしは思わない。

　怒りや悲しみに囚われていて幸せを感じていない人は、世界の平和について考えることが難しいだろう。他国への怒り、隣人への怒り、親しい人への怒りに囚われている人にとって、他国を、隣人を、親しい人を許すという、より大きな視点に立った理性的判断は簡単ではないだろう。

　そんな、感情優位になってしまっている人に対して、「あなたはおかしい」「あなたのほうが悪い」と責めるのは不適切だと思う。ほとんどの人は、その人なりの理由があって感情優位になっているからだ。自分のなかにある小さな戦いが解決できていなくて、頭が〝戦いのモード〟になっていると、物事をネガティブに捉えがちである。すると悪循環が起き、ますますうまくいかなくなる。

138ページの「幸せと不幸せの因果関係ループ」で示した通りだ。

本来は夫婦喧嘩も、上司との関係も、国家間の問題も、許し合えば必ず解決するものである。そうすれば、世界は平和になることだろう。

当事者同士が許し合わないから、いつまで経っても問題は解決しない。やっかいな問題は孫子の代まで先送りにされてしまう。そんなことが世界中で無数に起きていて、解きほぐすことが困難になっている。


許し合うことは実際には難しいことではある。

たとえば、あなたがなにかのきっかけで目が覚めて、これまで許せなかった相手をはじめて許すことができたとする。それは、あなたが幸せへと確実に一歩近づいた状態だ。

ただこのとき、あなたが相手を許したからといって、相手もあなたを許すとは限らないから、やっかいである。現実には、あなたが許したことでなんらかの弱みを見せてしまい、相手が有利な立場に立つことだってあり得るだろう。自分が許したために、あなたは現実的に損害を被るかもしれない。

だからこそ、他者を許すためには「心の成長」が必要なのである。

それはある種の達観といってもいい。僧侶は、(全員とはいわないが) 出家して許し合わない俗世から超越しているから、他者を許すことができる。また、欧米には大富豪から慈善家になる人も多い。こちらも全員とはいわないが、莫大なお金があると心に余裕ができ、他者を受け入れて許す方向へと向かいやすくなるのだろう。

僧侶や富豪にならなくても、もともと他者に対して優しく、許す力が強い人が世の中には一定数いる。看護師や介護士やボランティアなど、対人援助に従事する人には利他的で許す力の強い人が少なくない。

「成人発達理論[※2]」という考え方がある。大人の心も成長するという理論だ。それをもとにした、「ティール組織[※3]」という組織論も最近では耳目を集めた。わたしは、究極に心が成長した状態が「悟り」だと思う。成人の心の発達とは、まさにそこへと向かう道筋だ。本書で述べてきたように、心は幻想だと理解し、不安や絶望を見つめ、死の恐れすらも穏やかに受け入れて、自分と世界が幸せになるように行動しながら、自分の心を成長させること。

自分の心の健やかな成長のためにも、相手に怒りを向けず、自分から相手を許せばいい。

そうすることで、たとえ相手が変わらず、むしろ相手がなんらかの面で有利になったとしても、そんな些細なことにはこだわらなければいい。なぜなら、あなたは幸せへ向かって大きな一歩を踏み出しているのだから。

「嫉妬」の感情も減らしたほうがいいだろう。嫉妬は、本来自分が生きていくうえで重要なものを手に入れたり、敵に奪われたりしないようにするために持って生まれた生存本能である。一方、わたしたちは「共感」する本能も持っている。ならば、想像力を発揮して嫉妬よりも共感を発動させたいものだ。そうすれば、たとえ世の中がカオス期にあっても、まわりの環境変化に左右されない強靭な心を育むことができるだろう。もちろん、嫉妬よりも共感を発動させるためには、成長した心を持つことが重要である。

※2　人間の成人以降の心理面での成長・発達に焦点をあてた、発達心理学の理論。「知性」や「意識」は成人以降も成長し続けることを前提として、人間の成長・発達のプロセスとメカニズムについて研究する分野。アメリカの心理学者であるロバート・キーガンらが主要な研究者である。

※3　フレデリック・ラルーが提唱する次世代の組織形態。管理職による管理がなくても、従業員が自律的に活動し、組織の目的へ進むことができるように促す。従来のトップダウン型組織と対比して、進化型組織と位置づけられている。

まず自分の心を安定させて、幸せに生きる。それを続けることで心が成長し、やがて「他者を許すことができる人間」になれる。

戦いのエンジンから愛のモーターへ

人間はハイブリッドカーだ。ハイブリッドカーには、モーターとエンジンがついていて、両者を使い分けている。仮に戦いのモードをエンジンで走る状態として、戦わずに許したり共感したりするのをモーターで走る状態として考えてみてほしい。エンジンで走るときは、音もうるさいが力強い。戦うにはもってこいだが、ガソリン消費量も大きい。モーターで走るときは、静かで優しい。ゆっくりと走っていて、燃費がいい。

「人間は成長する」と先に述べた。戦いのエンジンで走っていた状態から、愛のモーターで走る状態へと成長するのだ。元ソニー上席常務の天外《てんげ》伺朗《しろう》さんとわたしが対談した本（『サイエンスとスピリチュアルのあいだ』ワニ・プラス）にも類似した話が出てくる。戦いのエンジンから愛のモーターへと動力を切り替えることを、天外さんは「実存的変容」[※4]と呼ぶ。

人間は本来相手の気持ちに立って考える愛のモーターを持っているが、いったん視野が狭くなると、すぐに戦いのエンジンのほうが発動してしまう。とくにコロナ禍以降はその傾向が強まり、自己肯定感も他者への信頼も下がって、たとえば日本では「自粛警察」のような行為が頻発した。生きるための本能をそんなことに乱用しないほうがいいと思うのだが、どうも多くの人が日常的にど

※4　長年心に抱えていた葛藤を解消することによって、個人が「意識の変容」を果たすこと。

うでもいいことで怒りに駆られているようだ。

怒っている人にとっては、おそらく「どうでもいいこと」ではないのだろう。だが、それも「視野の狭さ」が原因にある。いったん冷静になって、広い視野で愛のモーターの視点から見ると、そのほとんどは「どうでもいいこと」ではないか。少なくとも、自分を生存させるための本能のエンジンを起動するほどのことではないことが多いはずだ。


禅僧で経営者の島津清彦《しまづきよひこ》さんは、大手企業のＣＥＯを務めたのちに出家したという異色の経歴を持つ人だ。いまは一般の人に対して禅[※5]やマインドフルネスを広める活動をしている彼に、禅の効用について伺ったところ、「圧倒的に怒らなくなりました」と笑っていた。

彼は出家前、とても怒りっぽい性格だったそうだ。そう、エンジン全開だ。しかし、修行によって「いまここ」に集中し心を鎮めることが習慣化してから、まったく怒らなくなったという。怒りは最初に心に湧いてくる本能だが、「ああ、いま怒りが湧いてきたな」と自らを客観視することによって、愛のモーターのほうへと自分を導いていけるのだろう。

エンジンからモーターに移行するための方法は、坐禅や瞑想やマインドフルネスでもいいし、人によっては公園を散歩したり、動物や花と戯れたりするのでもいい。優しいときの自分を思い出せるような活動をすると、人は優しい自分に戻れるのである。

彼の話でもうひとつ興味深かったのは、いま自身が経営する会社でなにか困ったことが起きたときに、社員みんなで「ちょうどよかった」と言い合うということだ。「やばい、困った！」「なぜこんなことになったんだ！」というと、みんなが戦いモードになっていくが、「（事業をより良くするきっ

※5　インド仏教が中国に伝播し、老荘思想の影響も受けて成立した中国仏教の一派。その後、禅は日本へ入り、日本人によって改良を重ねられ完成された。世界的には、日本語の「ＺＥＮ」として知られる。

かけになって）ちょうどよかったね」といえば、マインドが整って物事も解決へと向かっていく。視野をなるべく広くして、反応の仕方を少し変えるだけで、仕事も職場も劇的に変わっていくのである。

怒ったり妬んだり悲しんだりつらくなったりするのは、いずれも戦いのエンジンに駆動されている不幸な状態にあるからだ。それを手放し、調和的で幸せな心の状態へと自分で持っていくための科学的なヒント集が、幸福学である。幸福学とは、〝愛のモーターのマニュアル〟なのだ。わたしも怒った自分をさらけ出すよりも、優しくみんなと仲良くするほうがより良い自分であると考えるから、坐禅や瞑想を行う代わりに自分なりの幸福学という方法を日々実践している。

要するに、戦いから降りたほうが楽で幸せになれるのだ。

単純に、損得で考えてもわかる。戦うのは損だ。世界には多くの国家間対立があるが、力で対抗するためには互いに軍事費を積み上げねばならず、コストばかりが膨らんでいくことは自明だ。仮に世界中が許し合えれば、軍事費が減り、その分、環境問題や貧困問題に振り分けられる。その結果、人類はいまよりも豊かになれる。電気自動車が環境に優しいように、愛のモーターが駆動する社会は、戦争のない豊かな世界なのだ。

現代の世界とは、まるで戦国時代の日本のようだ。戦国時代には大名がそれぞれ軍を持ち自衛していたが、いまは都道府県の軍などなく、警察があるだけなのは、日本のなかでは戦わないことを合意したからだ。しかし、感情をコントロールし法で治めるという論理的アプローチは、まだ残念ながら世界全体では実現できていないのである。

夫婦喧嘩も世界の喧嘩も、パターンとしては同じである。家庭やコミュニティや会社などのレベルでも、まず怒ることをやめるのがもっとも効率的なのだが、残念ながら人間は大脳新皮質だけでは生きていない生物だ。短期的な利益と長期的な利益を比較したとき、本能的に短期的利益を優先してしまう。人間は動物のなかでもっとも大脳新皮質が発達しているので、冷静になれば理性的な判断のほうが適切だとわかるはずなのだが、これがなかなかできないからやっかいな生物である。

ビジネスも、エンジン型の競争が主流である。企業は株価が連動するため短期的利益を優先するほうが戦略としていいような気がするが、そうして長期的なビジョンを失ったかつての大企業が、いままさに凋落しているのはご存じの通りだ。

国際関係は、もちろんエンジン型である。相手が兵力を持つ以上、兵力を持たないと自衛できない構造にあるからだ。

すべての国と人々が許し合う状態にならなければ、真の平和は達成できない。論理的に考えれば自明だ。パワーがあって他国を「許さない」国がひとつでも存在する限り、真の平和は達成できない。エンジンにはエンジンで対抗しなければ、あっという間に侵略される。

現代の世界はそんな絶望のなかにある。さらにいうと、未熟な人類が、戦いのエンジンに駆動されて短期的な視点でばかり考えるから、環境問題や貧困問題などのグローバルな課題を抱えているのだ。

許すという「共感の本能」を一人ひとりの人間がどう発動していくか——。ポストパンデミック時代には、戦いのエンジンから愛のモーターへと動力源を切り替える、人類全体の心の成長が試されている。

誰かを許せない理由はなにか？

もしあなたが誰かを許すことができないなら、それは相手の立場に立つ力が少し不足しているからだろう。相手が、「どのように世界を見ているのか」について思いを馳せること。これはまさしく、人間を人間たらしめる力――想像力が為せる業《わざ》である。

わたしたちは、小学生の頃から「相手の気持ちに立ちましょう」と習ったはずだ。なのに、多くの人は、大人になっても他者を想像することが苦手なままではないだろうか。

以下は、わたしが遭遇した話だ。ある会社の上司が、「あの部下は全然仕事をしない。あいつはダメだ。酷い部下だ」と怒っていた。そこで、当の部下に話を聞いてみた。すると、「あの上司はいうことがころころ変わるから結論が出るまで待っている」という。このように、それぞれが自分の立場だけで状況を見ているから、いつまでもすれ違うことになる。恋愛も、国家間紛争も同じだ。

そうではなく、いったん相手の立場を想像し、実際に対話してみれば、「なんだ、そうだったのか」というような理由が互いにあることがわかってくる。「部下はいまなにを考えているのか」「上司はいまどんな課題やトラブルを抱えているのか」と、相手の考えや気持ちを、感情に振りまわされずに考えられるようになる。そうして相手の立場を考えられる想像力を活用すればするほど、自分の心に余裕が生まれるだろう。

「嫌な上司や同僚や部下がいる」と多くの人が嘆くが、根っからの悪人などいない。自分にとって「もともと嫌な人」はいないのであって、なにかの理由や背景によってそう見えているだけだ。

相手の気持ちを想像できることが、あなたが人とつながって幸せに生きていくために不可欠なのである。

先に、死刑制度について触れたが（79ページ）、酷い罪を犯した犯罪者に対して、感情的に「許せない」と感じることはあるだろう。しかし、そこで感情に振りまわされるがままになるのではなく、いったんその場に立ち止まり、わたしたちが持つ想像力を最大限に活かそうと試みるべきではないだろうか。

すると、犯罪者を生み出したのは、まさしくこの社会であることがわかるだろう。そして、社会をつくっているのはわたしたちであることもわかる。加害者の成育環境や貧困、教育格差といった社会構造そのものが、犯罪の遠因になっていることも想像できる。もっといえば、そんな環境を間接的に生み出しているのは、まさにわたしたち一人ひとりであるということに思い至ることもできる。

かつてある報道番組に出演した僧侶の小池龍之介《こいけりゅうのすけ》さんは、ある猟奇的な殺人事件の加害者を指してこんな主旨の言葉を口にした。

「この人がしたことはわたしたちの食欲などと同じ煩悩がさせているのです。だから、『許せない』ではなく、その人と同じものが自分のなかにもあるのではないかと考えてみたらいいのではないでしょうか」

あたりまえだが、世の中のほとんどの人は殺人を犯さない。しかし、人を憎んだり上から見たりする気持ちを持っていて、誰かに対して怒ったりいじめたりはする。加害者のことを頭から「許せない」と怒る人も、同様な脳神経回路が発動したことはあるのではないだろうか。学校で誰かをいじめたり、会社で誰かにきつくあたったりしたことはないだろうか。そこまでは至らなくても、憎しみや怒りの感情に囚われたことはないだろうか。

もちろん、殺人と比べれば些細なことではある。しかし、同じ脳の回路が発動しているのである。わたしたちは戦いのエンジンを内面に抱えている事実を直視する必要がある。

「あいつは悪い」「あの犯罪者は人間ではない」と、他人に対して怒るのは簡単なことだ。しかし、その態度は自分のことを棚に上げているのみならず、その怒りはまさに戦いのエンジンがドライブしているものだ。矢印を相手に向けるのではなく、自分に向けるべきなのだ。

心理学には、「リフレクション（投影）」という用語がある。

かつてスタンフォード大学の教授が来日して行われた、以下のようなワークショップに参加したことがある。約20人の参加者が輪になって集まり、「このなかで気にいらない人の特徴を書いてください」といって紙に書かせた。参加者はそれぞれ、「あの人は偉そうだ」「この人は自信がなさそうに見える」などと書いた。書き終わったあとで、ワークショップの主催者はいった。

「それらはすべて、リフレクションです。あなたのなかにあるものです」

誰かを「偉そう」に感じたのは、「偉そうに見えることが気になる」脳を、そう感じた人自身が持っているからである。誰かの自信のなさが気になったのは、自分自身が自信を持てないことを気にしているからである。つまり、自分のなかに未熟な部分があり、そんな自分の一面が相手の嫌な面として見えてしまうということだ。自分の未熟な要素が、他者に反映されるのだ。

同じように、なにかに対して怒りに駆られるのも、自分の心のなかに「復讐したい」「いじめたい」という気持ちがあるからである。テレビで見た凶悪犯に怒りを覚えるのは、自分のなかのそれに似た部分が反映されているからなのである。

だからこそ、愛のモーターに切り替えて共感するべきである。他者の立場や気持ちになって想像する力を高めれば、自分と世界についての理解が深まるだろう。そしてそれは、あなたが幸せを感じながら生きることにつながるだろう。

「ルールに従う」という思考停止

他者の立場に立ち、他者を理解するとは、他者の「欲求」を想像することともいえる。

わたしたちは、それぞれの欲求によって世界を見ている面がある。水を飲みたければ水を飲み、お金持ちになりたければお金持ちを目指すだろう。人は自分の欲求のフレームで世界を見ていて、そんな欲求のフレームが世界には数限りなく存在する。

すべての人がすべての人の欲求を想像し、それぞれの欲求をともに満たすにはどうすればいいかを考え、対話し、合意を得ることができれば、みんなが幸せな社会をつくることができる。

人間はむかし、民主主義というシステムをつくり上げた。すべての人の欲求や意見を尊重し、社会としての合意を形成するために、話し合ったり多数決をしたりして物事を決めることにしたのである。同時に、法という〝飴と鞭のシステム〟を設定した。良いことをした人は表彰し、悪いことをした者には罰を与えるために。

だが、民主主義は難しい。

なぜなら、多数決に従うと、同じ欲求を持つ者の数が多いほうが優勢になり、少数者の意見が顧みられなくなるからである。加えて、選挙（とりわけ直接選挙）は人気投票の面が強くなりがちである。結果として人間はこれまで何度も独裁的な人物を代表者に選び、そのたびに大きな代償を払ってきた。

しかも、飴と鞭のシステムでルール化すればするほど、人間は自分の頭で物事を考えなくなっていく。もちろん、みんなで幸せな社会をつくるための最低限のルールは必要だが、ルールを階層化・精緻化し過ぎると、人はロボットのようにルールに従って生きていればいいだけになっていく。

コロナ禍の日本では、夜間外出などに対して罰を科せられるかどうかという議論があった。当初、若い世代に「仕方ない」「あってもいい」という意見が多く見られたのは意外だった。もしかしたら、自分で考えるよりも、誰かに強制的に抑制されたほうが楽だという傾向が強まりつつあるのかもしれない。

だが、厳しい言い方をすれば、ただそのままルールに従うことはなにも考えていないに等しい。大局観なく、どこかの誰かが決めたルールに従うことを強要する社会をつくってきた結果、「ルールを守らない奴は悪人だ」という短絡的な思考をする者が増えてきたとはいえないだろうか。

人は細かいルールに縛られたロボットになるのか、それとも本質的なルールを自らつくる時代に進むのか？　わたしたちの選択が問われている。

偽りのない「倫理観」を育てるべき時代

実際、インターネットの掲示板やSNSを見ると、偏った考え方や短絡的な発言が溢れている。もちろん、インターネットやSNSなどのテクノロジーにはポジティブな面もある。SNSがあるから無視されがちな小さな声も積極的に発信できるし、オンラインで他人とつながることが孤独を脱するきっかけになることもあるだろう。

だが、これらのテクノロジーを使うことの弊害も存在する。すべてのテクノロジーにはいい面と悪い面がある。たとえば、原子力が諸刃の剣であることをわたしたちは知っている。インターネットもまた、使い方を誤ると危険があることを理解すべきだろう。

自動車の運転のような成熟したシステムでは教習や免許が存在するが、インターネットのような新しいテクノロジーでは誰も明確にリテラシーを教えるわけではない。最低限のルールも決まっていない。本来、インターネットを使う人は「他人を中傷してはいけない」「感情に任せて攻撃的な投稿をしてはいけない」などのリテラシーを学んで免許証が発行されるくらいのことになってもいいくらいだが、まだそれはない。このため「インターネットはいいたいことをいえる空間なので、なにをやっても大丈夫」という誤解が生じて、身勝手な意見や誹謗中傷の投稿が社会問題となっている。

世の中に自動車が登場した頃、当然ながら交通事故が多発した。そこで、「このままではいけない」と考えて免許制度をつくり、教育（教習）を受けなければ自動車に乗れないようにした。実際に被害が多発しているインターネットも同じだ。いまは誰もがインターネットを自由に使っているが、本来はもっと注意深く使うための倫理的な情報リテラシーを共有するべきだろう。「そんなものは自由を制限するからいらない」というのは、「自動車事故が多くても仕方ない」といっているのと変わらない。いまでは、SNS上での誹謗中傷が原因で自殺したり心の病になったりする人が増えており、暴行事件による死傷者も出ている。サイバー空間は危険な世界になりつつある。

SNSを頻繁に見ていると幸福度が下がる、とする研究結果もある。実際のトラブルに巻き込まれなくても、ネットのニュースやSNSの情報を見て、誰かを妬んだりストレスを受けたり、場合によっては絶望を感じてしまう人も少なくない。

なんでもルールをつくって縛っていくと思考停止になるし、かといって最低限のリテラシー教育がなければ、自由という名のもとで、人間本来の「戦う本能」や欲望が野放しになる。

飴と鞭で統治するのではなく、人々の「倫理観」を育成すべきだ。他者を理解する想像力やリテラシーを育む倫理教育が必要なのではないだろうか。

ここでいう倫理観とは、知識として「いい人になるべき」という規範を教えるのではなく、心から偽りなく「いい人でありたいな」と思うような人を育てるということである。上辺の知識ではなく、心からの実感を伴う体験である。

たとえば、怒りの感情を無理やり抑え込むとストレスになる。抑え込むのではなく、怒りは正義感から出てきたのか、利己心から出てきたのかを十分に吟味したり、その感情が出てきた自分を認め愛しんだり、どんな行動を取ることがベターか、どんな成長が自分には必要かを冷静にじっくり吟味したりして、論理と感性で理解すべきなのである。

俯瞰的・全体的に自分とまわりを見て、このケースでは怒るべきだったのか怒るべきではなかったのかを、腑に落ちたかたちで実感する倫理観である。

日本において人々の倫理観が機能していたのは、なんらかの思想的・宗教的規範が社会全体に行き渡っていた時代というべきだろう。200年から400年前の江戸時代は、個人の自由は制限されていたけれど、「悪いことをするとバチが当たるぞ」「お天道様が見ているぞ」などといわれて育ち、実際にそう思って生きることで「善《よ》き人」になれた時代だった。

どこまで社会に深く浸透していたかは検証の余地があるものの、「神様やお天道様に恥じない人間になる」といった倫理観や道徳観が寺子屋などで教育されていたのは、ある面では素晴らしいことだったと思う。また、明治時代にも、国家神道を中心とした倫理教育は明確に存在した。それが適切であったか否かの議論はあるとしても。

だが戦後、道徳や倫理学がなぜか単なる暗記科目となった。日本の教育から真の倫理教育が完全に抜け落ちてしまったのだ。理由のひとつは、やはり「目の前の問題解決」や「経済成長」だけに邁進して短期的に国を発展させる仕組みをつくり、それに貢献できる人材を育成する教育システムを選んだからだろう。

現在の世界で比較的うまくまわっている自由主義・資本主義のモデルは、北欧型の社会民主主義だろう。個人が意見を自由に主張しながらも、みんなで高い税金を納めて教育費や医療費の無料化を実現していることには、国民の倫理観が関係しているというべきだろう。彼ら彼女らは、高い税金が福祉や教育を通して自分たちに還元されることを理解し、国の政策を支持している。高い民度のもと、政府を信頼しているからこそ、高コストの大きな政府で秩序が保たれている。

ウェルビーイングの観点からも、北欧の国々が世界幸福度ランキングでつねに上位に位置することには、もちろん高福祉政策が関係している。富裕層がより多くの税金を払うルールによって資源が適正に再分配された結果、困ったときの「社会的支援」が充実し、高福祉や医療の充実による「健康寿命」も増進されるなどして、国民の幸福度が高まったのである。

最近ではベーシックインカムの話題も世界中で言及されているが、2年間試験的に導入したフィンランド政府は、「主観的幸福度に効果があった」と結論づけている（Kela「Suomen perustulokokeilun arviointi」）。受給者の勤労意欲が低下することもなく、むしろ他者や政府に対する信頼が増したのだ。ただし、同じことを日本でやっても、似たような結果にならないかもしれない。「働かざる者食うべからず」ということわざを超え、まず働けない者などの弱者への寛容性を高める必要があるだろう。

制度導入に関する議論はあってもいいが、そもそも制度とマインド（民度、倫理観）は同時進行なのだ。先のフィンランドでは、そもそも他者や政府への信頼や、互いに想像し許し合えるマインドを持った国民が多いからこそ、ベーシックインカム制度もうまく導入できたのである。

日本においても、時代に合致した倫理観の醸成が必要である。知識を身につけるだけではなく、マインドとして腑に落ちたかたちで実感できる、純粋で偽りのない倫理観を育成する必要がある。

サイエンスとしての倫理学

わたしが考える現代社会における倫理観醸成策のひとつは、「サイエンスとしての倫理学」だ。たとえば、「利他的な人は幸せである」といったような、幸福学のエビデンスがこれに該当する。

従来は、哲学・思想や宗教が倫理観醸成を担っていた。大乗仏教では、一人ひとりが勝手に振舞うのではなく、みんなの幸せを祈ることを説いた。ほかの宗教も同様である。しかし、宗教を信じる割合が逓減《ていげん》傾向にある現代社会では、「神様・仏様がいうように利他的になろう」では響かない人が増えている。

そこで、「あなたが幸せになるために、利他的になろう」と、幸福学の知見を用いた科学的な倫理学教育をすればいいのではないかという提案である。

「それでは偽善ではないか」という議論もあろう。それは利他ではなく利己ではないか、偽りのない倫理観ではないのではないか、という議論だ。しかし、無理やりでも利他的な行為を行っていた人の利他性が高まったという研究事例もある。したがって、最初は嫌々でも利他的な行為をすべきなのである。

別の例も挙げよう。「お金は自分のために使うよりも、他人のために使ったほうが幸せになる」という研究結果がある。実験では、自分のために使うようにとお金を渡された被験者よりも、他人のため（慈善事業など）にお金を使うようにと渡された被験者のほうが、幸福度が高まったのである。

また、収入の一部を他人にあげたり、慈善事業に使ったりした人は、自分のためだけに使った人よりも同じく幸福度が高くなったのだ。

つまり、心からそう思ったとしても上辺だけそうしたとしても、利他的にお金を使うと幸せになるということだ。最初はかたちから入ってもいいから、親切にしたり誠実に振る舞ったりしたほうが、そうでない人よりも幸せになるのである。

貧しくてもお金持ちでも、お金などの「地位財[※6]」に縛られていると、幸せなどの長続きする「非地位財[※7]」は手に入りにくい。手に入りにくいから「つながりと感謝」に目を向ける余裕がなくなり、ますます地位財にこだわるようになって、その結果、幸せから遠ざかることになる（138ページ「幸せと不幸せの因果関係ループ」）。

幸せになりたいなら「いい人（利他的で誠実な人）になればいい」ということだ。このように、科学によって検証された客観的事実を、倫理教育の材料として子どもにも大人にも教えるべきではないだろうか。

「客観的な事実の教育は、知識としての価値観理解の促進にとどまるのではないか」という疑念が湧くかもしれない。確かにエビデンスは知識である。しかし、「エビデンスはないけれどいい人になりましょう」よりも、「あなたが幸せになるためにいい人になりましょう」というほうが感性に響き、各人の実感や行動につながりやすいと考えられる。

むかしから、「金は天下のまわり物」といわれる。それは、そうしたほうが自分はもとより、ほかのみんなも幸せになって、結果として社会全体が幸せになるということだ。「情けは人の為なら

※6 他者と比較することで満足を得られる財。所得、財産、社会的地位、物的財など。

※7 他者との比較と関係なく幸福が得られる財。健康、自由、愛情、良好な環境など。

ず」は、利他的な行為はまわりまわって自分も利するという意味だ。みんなでより良い社会をつくるために、経験をもとにした知恵を道徳として次世代に教え継いできたのである。

現代社会において、科学的データに基づいた倫理学を理解する人が増えれば、多くの人が「自分だけ収入を増やしても一定額を超えると幸福度が上がらないんだな」「ならば収入の一部はみんなのために使おう」と判断するようになるだろう。そんな人が少しずつでも増えていけば、世界はより倫理的な方向に向かうはずだ。

近年、若い世代では、環境問題や貧困問題をはじめとする社会課題を解決するビジネスに取り組む社会起業家が数多く登場してきている。上の世代が上から目線で、「こうあるべき」という道徳を押しつけなくても、利他的な価値観を持った若者が現れているのである。

この流れは、倫理的な社会へと向かう流れだと期待したくなる。しかし一方で、あからさまに倫理的でない言動をする人も増えている。やはり、世界は二極化・カオス化しているというべきであろうか。

従来型の倫理学とサイエンスとしての倫理学の連携によって、利他的で思いやりのある社会をつくるのか、利己的で自分中心の人ばかりの社会になるのか、人類の判断力が試されている。

違いを認める「アコモデーション」

人々が利他的になるためには、信頼関係が重要である。もちろん、得体の知れない人に対して利他的になることは難しいだろう。

相手を信じて「対話」するときに役立つのが、「アコモデーション」という、紛争解決などの際に使われる考え方である。

ディベートは、自分と相手の意見を戦わせて、勝ち負けをつける分断型の考え方を反映している。それに対しアコモデーションは、価値観が相容れない者同士が対話するときに、意見が異なることをわかったうえで、それでも互いを認め合う合意のことを指す。

互いの差違を指摘することはとても簡単だ。しかし、「だからあなたはおかしい」と批判するのではなく、「なるほど、あなたとわたしはこのように違うのか」と相手を理解し、平和裏に合意に向けて話し合うわけである。この態度を貫いたからこそ、わたしはゲームばかりしていた息子とも相互理解ができた。

わたしはいまでもゲームは心身の健康に悪影響を及ぼしやすいと考えているが、当時、息子には息子なりの考えがあると思っていた（信じていた）。そこで彼の自由を尊重しながらも、「健康に悪いと思うけど、それも自分の責任だ」とわたしの考えを述べて話し合った。彼は、「ああ、それもわかったうえで自分の判断でやっている」と答えた。

こうして相手とコミュニケーションを取りながら、自分とは異なる価値観や信念や思想を、まず認めることが必要なのだ。

その意味では、すぐに相手と戦いたがる（論戦したがる）人や、逆に「興味ないから放っておいて」という人と対話するのがもっとも難しい。とくに、自分と似た人とだけ集まり、ほかの人とあまり対話しない人とのアコモデーションは難しい。

多様な者と触れ合っていないと、想定外のなにかがあったときのレジリエンスが弱くなってしまう。前に述べたように、「多様な人と接している人のほうが幸せ」とする研究結果がある。たとえ社会が危機的な状況に陥っても、多様な人とつきあっているといろいろな知恵や助けが手に入るため、幸せに生きていけるのである。

ポストパンデミック時代に突入し、自分ひとりで生きていくことが困難な時代だからこそ、自分とは異なる考え方や価値観を持つ人とアコモデーションする力を持つべきだろう。

他者のことを想像し、許し、信じて対話することが、他者との生産的な関係を生み出すのみならず、あなた自身のレジリエンスをはじめとする様々な能力の成長に寄与するのだ。

対立を超える「創造的第三の解決法」

対話によって自分とは異なる価値観や思想を認め、合意へ向けて進んでいくアコモデーションは、社会を分断の方向へ向かわせないアプローチとして有効である。

そこからさらに、互いを理解して信じ合うのみならず、課題解決に向けて具体的な一歩を踏み出していくべきであろう。

そこでおすすめなのは、互いの「合意できる上位の共通点」を探していく方法だ。

たとえば、原発賛成派と原発反対派は対立しているように見えるが、上位の目的はなにかと問うてみると、どちらも「より良い国にしたい」という共通の考えを持っている。賛成派は中長期的にエネルギーを確保したい、反対派は中長期的に放射能汚染のない国をつくりたいと思っているので、具体的な主張は当然のことながら相反する。しかし、もっと大きな視点から見ると主張は同じなのだ。

つまり、どちらも別の現象を見て別の主張をしているように見えるが、より良い国にしたいという点では共通しているわけだ。ならば、互いの上位目的の共通点を確認し合って、「わたしたちの目指すことは同じだ」と相互理解したうえで、「どちらのアプローチも大事」「どちらの考え方も一考する価値がある」と考えて対話したほうが建設的だ。

中長期的なエネルギー危機と、いつ起こるかわからない放射能汚染とでは、重視している論点が異なっている。だからこそ考えに差が出るわけだ。それをただ批判し合うのではなく、同じ本質(より良い国にすること)を考えているという事実を、最初に合意する態度が求められているのだ。

そうすれば、互いに達成すべき「共通点」を確認し合ったうえで、たとえば、「原発を段階的に縮小させながら代替エネルギーを生み出すテクノロジー開発に集中する」といったような折衷案を見出せるかもしれない。

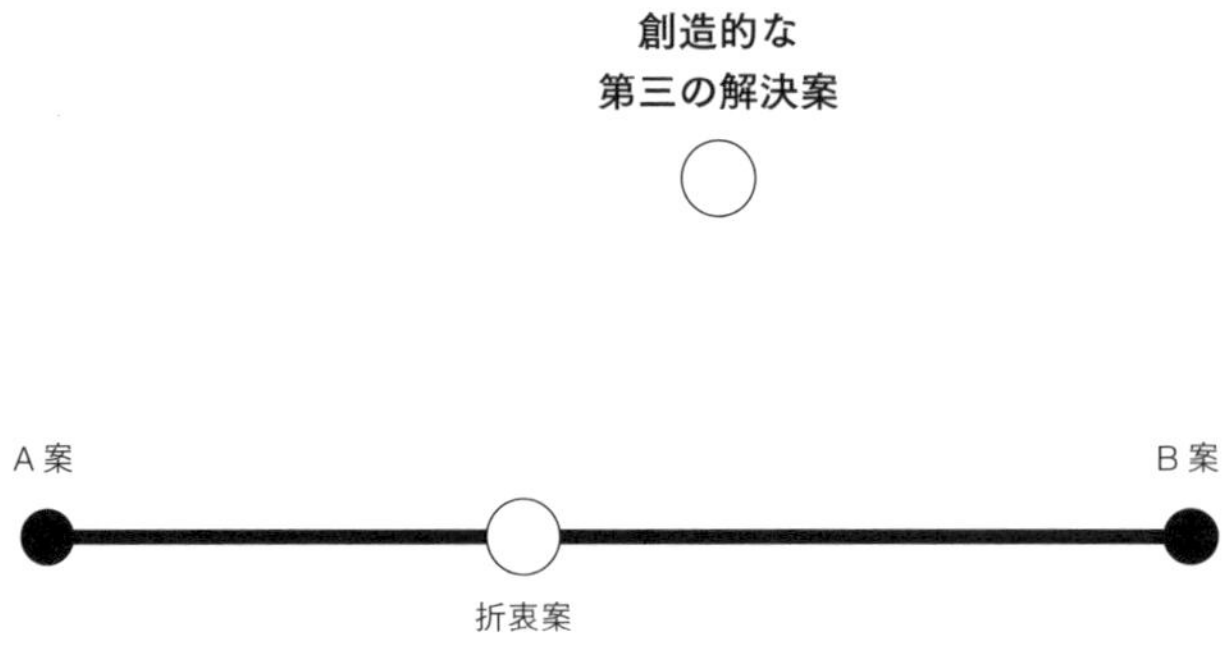

図 3-3　創造的第三の解決法

さらにいえば、A案とB案があるとき、線分AB上の中央あたりの折衷案で妥協するのではなく、創造的に線分ABの外に新たに斬新な案を見つけられるとより好ましい。

このように新たな道を見出していくことを、応用倫理学では、「創造的第三の解決法」（図３－３）という。

第一の案はA案、第二の案はB案。そのあいだに折衷案を模索するのではなく、まったく別のところに第三の解決案を探そうとする考え方である。

難しい問題ほど二項対立に陥りがちだ。原発をつくるか、それともやめるのか――。創造的第三の解決法は、どちらか一方ではなく「第三の道」を探る方法だ。互いに妥協するのではなく、それを乗り越えていく創造的な考え方をしてはじめて、俎上に載せるに値する選択肢が生まれるのである。

原発問題を例に挙げるなら、それはたとえば、「技術開発により力を入れ、難易度は高くても放射能問題がまったく生じない新たな原発を開発する」というような選択肢である。隣国との領土問題なら、A国のものかB国のものかという二項対立を超えて、どちらのものでもない互いの国の経済特区にしてしまう。そんな案が考えられる。

このような、両者にとってメリットのある新たな選択肢を探るのが、創造的第三の解決法である。対話やブレーンストーミングを重ねれば、第三の解決案は無数に見つかるものである。

ここで述べた選択肢はあくまで例であって、最適かどうかはわからない。伝えたいことは、どちらか一方の選択肢に固執せず、両者のあいだの折衷案にこだわるのでもなく、創造的な第三の解決案をともに模索していけば、選択肢は格段に増えていくということだ。

選択肢が増えれば、問題を打開するための手掛かりも得られるだろう。

なんといっても、人間には知恵がある。感情や欲望に囚われ過ぎず、戦うという二項対立に陥らなければ、多数の解決策があるはずである。二項対立のエンジンを手放し、「戦う本能」を乗り越えればいいだけなのだ。

別の言い方をすると、自らの考え方の「視座を上げる」ことが重要だ。

155ページで例に挙げた、「部下が働かない」「上司の意見がころころ変わる」という二項対立構造も、それぞれの立場から見て怒っているだけである。本来は「どうすれば生産的かつ気持ち良く働き、会社に貢献できるか」という上位の問いのレベルでは、上司と部下の考えは一致しているはずだ。さもなければ、互いに怒る意味もないだろう。

そんなときこそ自分の考えに固執せず、第三の道を目指して話し合うべきだ。

上司はころころと意見を変えていたのではなく、情勢の変化に合わせて高度な判断をしていたのかもしれない。部下は、そのたびに仕事が増える不満をうまく伝えられなかっただけかもしれない。率直な意見をすくい上げる対話の場が、社内に不足していたのかもしれない。

そうであれば、互いに「どうやって進んでいこうか？」と膝を突き合わせて話し合い、たとえば1on1ミーティングや少人数での率直なミーティングの場を新しく設けるといった第三の解決案が見えてくる。

ただの折衷案ではなく、創造的な解決案を見つけるべきなのである。

「すべての人」の幸せを目指して

わたしは、人それぞれ幸せのかたちは違えど、どんな人も普遍的な思いとして「幸せになりたい」と願っていると考えている。これまでひとりだけ、「幸せに生きたくない」という人に出会ったことがあるが、彼は文学者で、「幸せになると太宰治《だざいおさむ》を楽しめなくなるから幸せになりたくない」といっていた。その理屈も理解できなくはないが、彼はきっとすでに、太宰治の世界を味わう幸せを噛み締めているのだと思う。

人間が進化によってかたちづくられてきた生物である以上、人類全体で共有できる「統合された幸せのイメージ」があるのではないかと考え、わたしは幸福学の研究をはじめた。幸せのメカニズムの全体像を科学的にあきらかにし、その知識を共有できれば、きっと多くの人が幸せになれるはずだと考えたからだ。

ほとんどの人は、意識せずとも、幸せを求めて生きている。だからこそ、人類はここまで生き延びてきた。つまり、人類共通の最上位の関心はすでに一致しているのだ。

ところが、いまも世界中で多くの人が争い、怒り、憎しみ合っているのは、この統合された幸せのイメージをより明確なかたちで共有できていないからではないだろうか。科学的な幸せのメカニズムを共有し、もっと幸せについて世界中で話し合えば、より多くの人が幸せになれるし、平和な世界にも近づいていけるのではないか。

これまで幾度となく、「自分の幸せを求めると他人の幸せが犠牲になるというパラドックスをどうするのか?」という質問を受けたことがある。

何度も述べてきたように、行き過ぎた自分中心主義に陥るのではなく、利他的で親切な人が幸せな人である。したがって、幸せな人同士であれば、自分の幸せのために他人の幸せを犠牲にすることは基本的に目指さないと考えられる。もちろん、幸せな人は自己犠牲的な人ではないので、他人の幸せのために自分の幸せを犠牲にすることも目指さないはずだ。

それでもコンフリクトが起きたときの解決策は、創造的第三の解決法による解決であろう。「わたしの幸せか、あなたの幸せか」のどちらかを取るのではなく、創造性を発揮して別の解決策を探るのである。

自分の満足を求めることが、知らないうちにほかの誰かを傷つけていることはあるだろう。だが、そこにとどまっていては戦いがいつまでも終わらない。そうではなく、「すべての人の幸せを目指して」対話することが重要なのだ。
すべての人の幸せを考えて、創造的な第三の道を見出していくことが、いまあらゆる課題において求められている。

本章で述べてきたことは、一つひとつが幸せの条件である。許す、信じる、対話する、助け合う、好奇心を持つ、創造的になる……。様々な行動によって、あなたとほかのみんなの幸福度が高まることが、科学的に立証されている。

多元連立方程式の解法

数学では、一定の初期条件と拘束条件のもとで連立方程式を解くことを考える。本書は数学の書ではないのだが、3章にわたって「わたしたちはいかに生きるべきか」について考えるための材料を様々な視点から提示してきたので、一度ここで振り返ってみよう。

第1章では、本書の前提条件として、心はないことについて述べてきた。まず、現代社会を覆う不安について述べ、ウェルビーイング産業が閉塞感を解消する可能性について述べた。日本人の無意識の利他性についても述べた。そして、この章のメインディッシュである受動意識仮説を紹介した。「心はない」と考えることによって、ゼロからの幸せに向かえる可能性を提示した。

第2章では、連立方程式を解くための前提条件として、死について考えた。また、自他非分離という考え方についても述べた。要するに、様々な視点から自己を解体したわけだ。自己を解体し尽くしたところに見えてきたものは、自己とは無であり全体であるということである。わたしはいない、そして、わたしはみんなだ。

第3章では、生きる幸せについて述べた。無であり全体である自分が生きるとは、自分らしく「ありのままに」、「なんとかなる」と考え、やるべきことを「やってみよう」と思い、つながりに「ありがとう」と感謝し、利他的に振る舞うことであった。無であり全体であるにもかかわらず、なんと自分らしく鮮やかであることか。しかも、戦いのエンジンから愛のモーターに置き換え、考えの違う人とアコモデーションし、もし答えが見つからないときには創造的第三の解決法を試みるべきなのである。

こんな複雑な多元連立方程式を解けるのであろうか?

無であり、全体であり、鮮やかな個であるわたしたちの人生を、いかに生きるべきかという問題を。

解体され消去された自分を、いきいきと生きるという問題を。

しかも、世界中の約80億人分のそれを、連立方程式として解くという問題を――。

この問題は、あまりにも矛盾に満ちているうえに、大規模かつ複雑で解く術がないと考えるか、簡単に解けると考えるか、いずれかである。みなさんはどちらだと感じるだろうか？

次章ではいよいよ、「わたしたちはいかに生きるべきか」という問いに対する解を探っていこう。

第4章

解：わたしは、地球であり宇宙である

わたしは地球の一部以外の何者でもない

わたしたちは地球の一部だ。

その地球が人類を「必要としてつくった」とする考え方が、狩猟・採集生活をしていた頃の人類にはあった。たとえば、アメリカ大陸に住むネイティブアメリカンは、自分たちを「森のケアテイカー」とみなしているという。森はなにもせず放っておくと荒れていくので、地球は森をケアするために人間という「動ける分身」をつくった――つまり、「自分たち人間は、地球の一部として、森の世話をするために生まれてきた」という考え方だ。

森の世話をしながら、自分たちが生きるうえで必要な分だけ、狩猟・採集で賄う。そうすれば、それを与えてくれる地球の良好な状態が維持され、自然と人との調和が成り立つこととなる。地球の一部である自分たちがたまたま動きまわる存在だという仮定は現代人には奇異に映るかもしれないが、そう考えてもなんの不都合もないし、なんの論理的矛盾も生じない。

地球という共同体のなかに植物や動物がいて、ほかの動物と同じように人間もただそこにいるだけ。地球全体の調和が成り立つ世界観だ。

フィジーやサモアなどの太平洋諸島の言語には、「わたし」と「わたしたち」の区別が元来なかったという。そのため、「わたしのもの」「わたしたちのもの」という所有の概念がなかったのだそうだ。だから、目の前でヤシの木から実が落ちてきたら、それは「誰のもの」でもなく、食べたい人が食べると考える。自然のものを、自然の一部である人間が「所有する」という感覚は、そもそもおかしく、不自然なのだ。

わたしが学生の頃に読んだ、『パパラギ　はじめて文明を見た南海の酋長ツイアビの演説集』（立風書房）にも、そのことが記されていた。書名の「南海」とは南太平洋ポリネシアのサモアを指し、そこでは、所有格である「わたしの」と「あなたの」が同じ「ラウ」という言葉で表現されるという。

フィジーの逸話（『世界でいちばん幸せな国フィジーの世界でいちばん非常識な幸福論』いろは出版）で驚くのは、誰かがレストランでビールを飲んでいたら、隣に座っている見知らぬフィジー人がその人のビールを勝手に飲むというのだ。「それ、わたしのビールだよ」というと、「フィジーではみんなのもの。お金がある人はみんなに分け与えるんだ」といわれるという。現在では、英語で話すときは「わたしのもの」「あなたのもの」とフィジー人もいうが、そもそも「わたしのもの」という言葉は、サモアの隣のフィジーにも存在しなかった。

そんな価値観で生活が成り立つのかと驚くかもしれないが、それはあくまで現代人の固定観念に過ぎない。この地球という全体のなかでともに生きている状態が普通だと考えると、所有の概念がない世界は、当然あり得るのである。

似たような考え方は、アイヌにも見られる。カムイと呼ばれるアイヌの神は、人間がお腹を空かせていると鹿などの動物の姿で現れ、人間がその動物を仕留めるとカムイは喜んで天上界へ戻っていくと考えた。食べ物は獲りにいくものではなく、必要になったら必要なだけやってくるという考え方である。ここでも世界はすべて一体であり、人間は神や自然の一部であるような感覚を持ち、地球から必要なものだけを受け取るという世界観のもとで生きていると考えられる。

古代日本人にも、「すべてのものに神が宿る」とする考え方があった。アニミズム[※1]だ。その考えは現代の神道にも受け継がれている。同じような世界観は、ハワイ、ネイティブアメリカン、樺太、ブータン、バイカル湖沿岸など、環太平洋やアジアで見られる。さらに遡ると、これらの神話は西アジア地方が発祥の地といわれている。

いずれにせよ、古代には、自分と他人を同一視したり、自分を世界のなかの小さな一部とみなしたり、世界中がつながっていると考えたりすることが自然に行われていたのである。


そのような考え方をする人々は、なぜ、現代社会において少数派なのだろうか。

それは、二項対立的な概念を用いて物事を明確化し、自分と他者（地球・自然）を区別して生きる文明のほうが、発展しやすかったからではないか。自己と所有の概念を確立させると、交換によって適切なものを手に入れることができ、貨幣をはじめ様々な概念も高度化させられる。自己と他者、内と外、善と悪、正と誤、仲間と敵を二項対立的に分けたほうが、論理が明解である。だから、その考え方を選択するほうが科学も技術も発展する。生活は安定し、子孫は繁栄する。そのような人々が増えた結果として、〝分けて分かる人々〟が人類の多数派になったということではないだろうか。

だが、現在の常識を脱ぎ捨てて自分という存在を眺めてみると、たまたま自分の身体を自分だと思う癖がつき過ぎているから、それが他者とは明確に切り離された「自己」だと思い込んでしまっているだけとも考えられる。第2章で述べたように、自分をどう定義するかの問題であり、そもそ

※1　あらゆる事物や現象に霊魂や精霊が宿るとする観念、信仰。ラテン語のアニマanima（霊魂）に由来。イギリスの文化人類学者であるエドワード・B・タイラーが、『原始文化 神話・哲学・宗教・言語・芸能・風習に関する研究』において原始宗教の特色を表す語として用いた。

も自己と他者の境界は曖昧である。

先にも述べたように、個人主義はindividualism。divideして、これ以上分けられない個人から発想する主義だ。こちらが発展した。一方の集団主義は、collectivism。自己に分けずに集める主義だ。現代の集団主義が集める範囲は、地域や家族や会社に限られるのが一般的である。しかし、本来の原始集団主義では、集める範囲が世界中だったということなのではないだろうか。

つまり、集団主義の極限とは、地球上の生きとし生けるものはつながっているというアニミズム的な発想だったのではないだろうか。

人間は、地球という大きな場のなかで生かされている。自己や所有の概念などなく、自分を愛しケアすることが、同時に他者（地球・自然）を愛しケアすること。そうみなすのは、分けて考える個人主義が発達する前の世界では、本来、突飛な考え方ではなかったのである。

現代においても、ガイア仮説[※2]という考え方がある。地球自体が生命体であり、人間もほかの動植物もその一部であるとする考え方だ。地球がひとつの生命体としての意識や意志を持つかどうかについての議論は賛否両論あるだろうが、地球がひとつの生命圏であることは疑いようのない事実である。地球生命圏のすべてのピースがインタラクションしていることは、複雑系の科学からみると紛れもない事実だ。

わたしたちを育んでくれた地球を自己同一視して、愛おしく思う思想は、古代から現代まで脈々と続いているというべきであろう。

※2　地球上において、自然環境と動植物などの生物が相互に影響し合うことで、地球という惑星が自身の生存に適した環境を維持するための自己制御システムをつくり上げ、ひとつの大きな生命体のように活動しているとみなす理論。イギリスの科学者であるジェームズ・ラブロックが提唱した。

この宇宙の一部である以上に、なにを望む必要があるだろうか

これまで述べてきたように、「自己と他者の区別はない」とする考えは古代よりあった。人類学者である中沢新一《なかざわしんいち》によると、約2500年前に誕生した仏教は、もともと農業革命以前の思考に戻ろうとする思想だという。農業革命以前の世界では、自己という概念も所有（私有）の概念も希薄であった。「すべてはみんなのもの」と確認するまでもなく、すべてはただそこにあった。

しかし、仏教が誕生した頃には、人類はすでに自己と所有の概念を身につけて久しく、それはまさしく富める者はますます富み、貧しき者はますます貧しくなる不平等な世界だった。

「ブッダの僧伽（サンガ）の構造を見てみると、理念的には平等が基本です。当時の農業革命以後の社会は格差社会ですし階層性が発生しています。インドではカーストまで固定し始めている。そういう世界のなかで、ブッダは僧伽というそれ以前の共同体の構造を言い始めました。そこから絶対非暴力を唱えます」

（中沢新一、山極寿一《やまぎわじゅいち》『未来のルーシー 人間は動物にも植物にもなれる』青土社）

また、哲学者の出口康夫《でぐちやすお》は、「Self as We（われわれとしての自己）」という概念・尺度を提唱している。自己というのはわたしだけではなく、地球全体が自己であり、わたしはその「部分」だとする考え方がもともと東洋にあったという。

とくに日本はとても自然が豊かな土地であり、人々は山や森のなかで生きてきた、いや、山や森の一部として生きてきた人々の遺伝子を受け継ぎ、実際にも自然豊かな土地で暮らしていると、そ

ん な謙虚な考え方や感覚を持ちやすいのかもしれない。

対して、砂漠や乾燥した草原、亜寒帯の気候に生き、自然と戦わなければ生き残れない環境に置かれると、「強い人間が自然を改変し支配する（支配したい）」といった感覚が強くなるだろう。そこからは個人主義的な、「Self as I」という考え方が強まることになる。

もちろん、どちらの考え方もあり得るのだが、現在の世界では、「自分さえよければいい」とする考え方が一個人から国家の代表者にまで蔓延し過ぎだといえないだろうか。これに対し、わたしはあくまで「Self as We」の考え方でいたいと思っている。自分だけを自分とみなすと自分とは異なる他者と「戦う」発想になりがちだが、自分が地球や自然の一部と思えばすべてが大事に思えて、それは世界の平和にもつながる思想だからだ。


なぜわたしがこんな思いを強く抱くようになったかというと、大自然に触れることによって「自分はその一部である」と全身で感じた経験があるからだ。そのきっかけになったのが、「株式会社森へ」が提供している、自然林に3日間入るプログラムだった。

多様な植物が自生する自然林は、慣れないと怖い。陽の光が届きにくい林内は日中でも薄暗く、鳥や獣の鳴き声がどこからか聴こえてくる。倒れたままの朽木に苔やキノコが生え、クモや虫が歩きまわる様子は、まさに自然あふれる光景だ。そんな自然の奥深くに数日ひとりで滞在する経験をすると、人間の小ささを否が応でも痛感させられることとなる。「自分は自由であり、なんでもできる」という考え方があまりに傲慢なものだとわかり、謙虚にならざるを得ない。

そうして自然林のなかにしばらくいると、怖くなくなる。怖くなくなるどころか、都市でコンクリートに囲まれている状態をはるかに超える安心感を得られる。大自然に囲まれ、心地いい。生きとし生けるものを愛おしく感じる。みんなが仲間だ。

自然林での時間をはじめて体験した2日目の午後に、わたしはメモにこう記していた。

この宇宙の一部であるということ以上に、なにを望む必要があるだろうか。

この感覚を理解できるだろうか？

木々や虫や鳥や花に囲まれていると、その一部としていまここにいること自体が至福だと感じることができる。コンクリートに囲まれていた日常生活で、それ以上を望んでいた傲慢のほうが無意味でばかばかしいと思えてくる。自分の仲間は競い合っていた人間たちではなく、ここにいる動植物たちだと感じる。本来の人間の感覚――。

それ以来、わたしの研究室では、「株式会社森へ」のリトリートについての研究を行っている。同社が開催する「森のリトリート®」を体験した人は、自然から出てくるとみんな晴れやかな顔になり、自分が抱えていた課題がいつの間にか解決していたり、解決の手掛かりを得られたりする。それはきっと、視野が広くなり、これまでの固定観念の枠を乗り越え、自己開示する力が高まるからだろう。

自然と触れ合うアウトドア活動は、ほかの趣味と同列のひとつの趣味のように捉えられがちだが、わたしは別格だと思う。本来、人間にとって不可欠な活動である。わたしたち人間が、自然のなかで生きる存在であった頃の記憶を取り戻すための――。

人工物に囲まれて生きていると、自分たちがこの宇宙や地球に生きていることを忘れがちだ。都会にいると、自然といっても、ほとんど植栽され管理された植物しか目に入らない。するとわたしたちは、知らないうちに人間社会の一部に自然があるような錯覚に陥ってしまう。

しかし、人類の歴史20万年に対し、農耕革命は1万年前、産業革命は260年前に過ぎない。現代のコンクリートに囲まれた生活は、人類史の1パーセントにも満たない期間なのだ。

人類は、99パーセント以上の期間、大自然とともに生きていた。現代人も、もっと自然に触れるべきなのだ。日本は自然（森林）の面積が国土の約67パーセント（約3分の2）を占める国だ。森林率は、OECD諸国ではフィンランドに次いで第2位である（公益財団法人矢野恒太記念会『世界国勢図会2021／22』）。世界有数の森林国である日本は、実は世界中の人々が大自然を求めて訪れる場所になってもいいくらいなのである。人類の原点を見つめ直し、人間が自然の一部であることを思い出すために。

わたしは手つかずの自然林へ何度も行くうちに、都会で人工物に囲まれていても、自分は宇宙の一部であると感じられるようになった。最近はいつも、約46億年前に誕生した地球の一部だと感じながら生きている。公園の木々や庭に咲く小さな花を見ただけで、いつでも自分は地球の一部だと実感することができる。もし、大自然を体験せずにいたら、花や植物を愛でる趣味の次元にとどまっていたかもしれない。

茶道や書道をしているときも同じ感覚になる。一輪の花を挿した花瓶が置かれた小さな茶室で、手づくりのものに囲まれて静かに心を整える時間。ただの人工物ではなく、自然を五感で感じた人間がつくり上げた茶室という空間での体験は、森でのそれと似ている。

書道というと習字を思い浮かべる人も多いだろうが、本来は世界と一体化した身体の運動によって、自然からなんらかの意味を身体が受け取り、それを筆と墨によって紙に投影する営みである。文字のない約5万年前の壁画を見ると、自然の一部として生きた人間の姿をありありと感じ取ることができる。漢字は表意文字だ。そこには、大自然や生命の意味が込められている。

茶道、書道、武道、仏道などの「道」は、そんな人間の姿を思い出すための仕掛けであり、自然と一体化するなかから生命の可能性を投影するための行為なのだ。

わたしも若い頃は人並みに都会に憧れ、人工的な世界のなかで、自分だけがつくり上げるものを追い求めていた。だが、アメリカに留学した頃から日本のよさや大自然の素晴らしさに気づくようになり、年齢を重ねるごとにその思いが増してきた。

もしかしたら、人類も同じ道を歩んでいるのかもしれない。最初に生まれたときは自然の一部だったが、やがて自然から離れ、逆に自然を支配しようと試みて、学んだ。そしていま、自然は支配するものではなく抱かれるものだと気づきつつある。自惚れるとしっぺ返しに合うとはよくいったものだ。いま人類は、気候変動やパンデミックをはじめ、自然界からの警告を受けるに至って、人間が自然の一部であることを思い出しつつあるのではないだろうか。

蔓延しているのはウイルスか、それとも人間か？

新型コロナウイルスのパンデミックでは、「ウイルスが世界中に蔓延している」といわれる。確かにウイルスは蔓延するが、見方を変えれば、それは人類が蔓延しているからだ。

人類の蔓延こそが、地球にとって不自然な状態ではないのか？

霊長類学・人類学者である山極寿一によると、遺伝子の多様性から考えて動物にはそれぞれ適正な人口（遺伝的有効個体数）規模があり、本来それを超えて増えることはないそうだ。

「狩猟採集生活から農耕へ移ったとき、世界の人口は八〇〇万人くらいいただろうと言われています。そのときでも、人類の遺伝的有効個体数は一万人にすぎなかったというのです。それはチンパンジーの約一〇分の一です」

（中沢新一、山極寿一『未来のルーシー 人間は動物にも植物にもなれる』青土社）

人類が農耕をはじめた1万年前。本来、1万人が適切な人口であったとは、その少なさに驚く。あまりに少ない数ではないか。ところが、人類はさらに人口を増やし続ける。農耕は単位面積あたりの人口を激増させる。さらに18世紀には産業革命を起こし、まるで地球がぎゅうぎゅう詰めの部屋になったかのように、人類は「異常発生」してしまったのである。

本来1万人であるべき人類の数がいまや世界に約80億人。80万倍とは、まさに異常発生以外の何物でもない。

いま日本では人口が減りはじめているが、世界人口は増え続けており、110億人程度でようやく減少に転じるといわれている。その間にも環境問題が深刻化し、今後は水不足、食糧不足が深刻化すると予測されている。

本書を読んでいるみなさんは、人類の異常発生のピークに生まれ、地球生命圏にとってもっとも異常な時期を生きているのだ。これにはどんな意味があるのだろうか。

ここへきて各国首脳はようやく環境問題に本腰を入れはじめたが、ときすでに遅しかもしれない。人類は地球の一部であるという視点から見ると、地球は（人類は）農耕革命から約1万年にわたり自傷行為を繰り返してきた。いまや、自傷し過ぎて瀕死の状態にある。

そんな現代において、ＳＤＧｓ（持続可能な開発目標 Sustainable Development Goals）を目指すのは当然である。しかし、矛盾が露呈しているともいえる。本来、Development と Sustainable は矛盾している。Development し過ぎて環境破壊や格差問題が生じている地球では、Development をやめて、Sustainable に向かうべきなのだ。しかし、取り残された途上国を豊かにして格差を減少させることにも配慮し、途上国の Development も目指さざるを得ない。そんな苦肉の策の名称が、Sustainable Development というわけだ。

本当は、贅沢をし過ぎている先進国がもう少し「足るを知る」べきだ。ＳＤＧｓは、いわば自傷行為を続けながら出血を止めようとしているようなものである。もちろん、なにもしないよりははるかにいいので、推進すべきなのではあるが。

ついでにいうと、日本では「ＳＤＧｓのバッジをつけていればいい」くらいの木を見て森を見ない人も少なくないように思われる。わたしがＳＤＧｓ関連のシンポジウムに呼ばれたとき、バッジをつけずに出席したら「バッジをつけていないんですね」と近くにいた参加者に皮肉をいわれたことがあった。しかし、バッジをつけること自体が、地球を持続可能にするわけではないだろう。「わたしの会社はＳＤＧｓの何番と何番をやっています」と局所最適に陥るのではなく、そもそも根本的になにをすべきかを、俯瞰的な視点から考えるべきだ。

各社の取り組みの腰を折る気はまったくないが、みなで地球の視点に立ち、地球の痛みを感じて行動しようではないか。地球の「出血」を止めるための、最後のチャンスである。

すでに多くの種を絶滅に追いやった野蛮な人類――。もう、勝手な行動を止めるべきときである。

人類は「安心安全」かつ「不幸」になった

地球（の一部である人間）が自傷行為を続けてきた結果、人類は環境問題という致命的な問題を抱えてしまった。現在の人類最大の課題は、まず自らの出血を止めることだ。自らを破壊しながら開発発展するという、農耕革命以来1万年も続けてきた思考そのものを止めるべきだ。

ただし人類本来の目的は、自らの出血を止めることではない。それはもっと豊かに生きることであり、第3章で詳述した、「ウェルビーイング」である。すべての人間が「本来の人間らしさ」に戻るということだ。

個人の幸せと同じだ。健康な人は幸せに生きることを目指せるが、出血しているときにはそれを止めることが最大の課題とならざるを得ない。

人類は文字や農業を発明し、産業革命を起こし、豊かさと幸せを得ようとしてきた。よかれと思ってやってきた発展の結果、いまのような状態に陥ったのは、皮肉以外の何物でもない。歴史学者であるユヴァル・ノア・ハラリによると、農耕によって単位面積当たりの人口は格段に増えたが、農業労働にはあまりに時間がかかるため個人の労働生産性は大幅に下がったという。

「人類は農業革命によって、手に入る食糧の総量をたしかに増やすことはできたが、食糧の増加は、より良い食生活や、より長い余暇には結びつかなかった。むしろ、人口爆発と飽食のエリート層の誕生につながった。平均的な農耕民は、平均的な狩猟採集民よりも苦労して働いたのに、見返りに得られる食べ物は劣っていた。農業革命は、史上最大の詐欺だったのだ」

（ユヴァル・ノア・ハラリ『サピエンス全史［上］文明の構造と人類の幸福』河出書房新社）

人類がもっと少ない人数で狩猟・採集生活をしていた頃は、過剰に働かなくても、木の実を採ったり魚を獲ったりして豊かに生きていた。鳥やリスは飛んだり駆けまわったりしながら、ときどき食べるような生活をしているが、本来人間もそれらとさほど変わらない生き物だった。縄文人やネイティブアメリカンたちも、家族や集団と仲良く暮らしながら、木の実があれば食べ、家族で野山を駆けまわる生活を送っていたに違いない。1万年前までの旧石器時代や3000年前までの縄文時代は、労働生産性が高く、あくせく働かなくても豊かに生きることができた社会だったのだ。

だが、農耕がはじまると状況は一変する。食料を多くつくれるようになり、そのため人間が増え、さらに多くの食料をつくらなければならなくなった。自然をどんどん切り開き、田畑に変えなければ生きていけなくなった。同時に、個人の生産性もウェルビーイングも低下していったのだ。

縄文時代の平均寿命は15歳だったという説がある。現代に比べて安心安全や医療福祉のレベルはかなり低かった。したがって、縄文時代は素晴らしいと諸手を挙げて絶賛するつもりはない。しかし、少なくとも労働生産性は高かったのだ。それなのに、よかれと思って農耕を発明した結果、過剰に人間が増えて多くの者が貧しくなった。人は宇宙秩序を支配する神々を創造し、王（権力者）を生み、奴隷を生み、激しい格差を生んだのである。

産業革命後のメカニズムも似ている。近年、労働時間は減りつつあるが、産業革命当時の平均労働時間は1日10〜16時間にも及び、幼い子どもまで駆り出されて劣悪な環境で働かされていたという。

ただし、現代社会では最先端テクノロジーが発展し、安心安全で健康長寿な社会をつくったため、命を脅かすような犯罪や食糧危機やパンデミックのリスクは以前よりも格段に小さくなった。新型コロナウイルスによるパンデミックも、最先端テクノロジーのおかげで、かつての歴史的パンデミックと比較すると圧倒的に抑え込まれている。

要するに、安心安全や医療福祉のレベルは上がったが、労働の過酷化・細分化や都市化・孤独化のために、「やりがい」と「つながり」による幸せは低下した。バランスを欠いた開発は、トータルでは人を幸せにしていなかったのだ。人類は農耕や蒸気機関などの世紀の発明をするたびに、どんどん不幸になっていった。幸せになるためと思って様々な変化を起こした結果、実は不幸化していたのである。

人間にたとえてみるとよくわかる。もともとあくせく働かなくても幸せに生きていられたのに、もっと美味しい食べ物を安定的に食べたい、もっと便利な生活をしたい、もっと贅沢をしたいと考えて闇雲に働いた結果、身体がボロボロになってしまった。最先端医療は整っているから、出血を止め、痛みを緩和し、不具合を応急手当てしたり、大量の薬を飲んだりしながらなんとか長生きすることはできている。しかし、もう限界だ。安心安全な世界で病的に生きるというあり方。これが地球人の現在の姿である。なのに、まだ右肩上がりの成長をすべきだという人もいる。

歴史をリフレーミングする（読み替える）必要がある。ウェルビーイングの観点から見ると、1万年前までの未開の人類は幸せに生きていた。だが、農耕革命以降、経済発展第一に舵を切り過ぎたのである。支配層と被支配層が生まれ、幸せになったのはほんの一部の人間だけだった。


「大袈裟だ」「そんなの、むかしのことだ」と思われる人もいるかもしれない。そんな人は、現代社会の姿を顧みてほしい。人類は平等な世界に近づいただろうか？　世界でもっとも裕福な26人が、世界人口のうち所得の低い約半数の38億人の総資産と同額の富を所有している。世界一の富豪である米アマゾン・ドットコム創業者であるジェフ・ベゾスの総資産のわずか1パーセントが、エチオピア（人口1億500万人）の保健医療予算全額に匹敵するという（Oxfam「Public Good or Private Wealth?」）。これは異常である。

わたしたち庶民の生活水準も改善されたため、目をくらまされているが、富の激しい収奪は度を越して繰り返されているのである。いや、日本の庶民の生活も、地球生命圏の破壊や貧困国の過剰労働に支えられているのだ。客観的に見ると、わたしたちも収奪の側にいる。

かつて、「経済学の父」アダム・スミスは、市場をすべての人が幸せになるシステムと考えた。市場メカニズムによって需給バランスが自ずと均衡し、そこからこぼれる人がいても、貧しい人は安い報酬でも働くため、結果的にその人たちも救えると考えた。

だが、資本主義は、圧倒的な格差拡大システムだったのだ。

社会は全体の理想にかなうかたちでは展開しない。要素間の相互作用によって進展する。第二次世界大戦後の戦後体制では、社会主義や共産主義、独裁政治に対抗するために自由主義がもてはやされた。また、1990年代にアメリカが圧倒的なナンバーワンであることが鮮明になった頃から、新自由主義が追い風を受けた。それらの結果、現在アメリカ国内の格差は凄まじく拡大し、犯罪や暴動が頻発している。アメリカに追従する日本でも格差が拡大し、幸福度は低下している。

経済成長第一の視点から発展に邁進した結果、自らの出血を止められないほど自らを傷つけた時代。約1万年前にはじまった格差がもっとも拡大した時代。そんな現代の姿を直視すべきである。

超巨大役割分担システムが人類の視野を狭くした

なぜ、人類は自らの生存の前提であり、その一部でもある地球や自然をこれほどまでないがしろにできるのか？　自然に対するあとまわし思考は、死や幸福の問題と似ている。あとまわし思考は、「視野の狭さ」と言い換えてもいい。

要するに、自分の死や心に感じる不安、自分の幸せ、そして地球や自然のことは、現代社会においては「よくわからない」ものだ。よくわからないから、とりあえずそれに蓋をして考えるのをあとまわしにしてしまいがちだ。

死を徹底的に見つめることを避け、自分の幸せを本気で追求しないのと同じように、自然に対しても多くの人はどこか他人事だ。自然の一部として、自らがそれに含まれているにもかかわらず。

現代人が、これほどまでに地球全体の問題がよくわからなくなってしまった、その最大の原因は、人類が「超巨大役割分担システム」を構築したことにあるのではないだろうか。

旧石器時代人は、すべてのことを自分で行って生きていた。狩りをし、そのための石器をつくり、料理をし、狩りの仕方や生き方を子どもたちに教えた。生産、製造、飲食、教育。すべての人は、すべてのことを行っていた。

農耕革命後は、役割分担が進み、社会格差が生じて支配者と奴隷が生まれた。産業革命後にはさらに仕事が細分化し、現在に至る。わたしたち現代人は、超細分化された仕事のひとつを選択することに違和感を抱かないが、本来、人間はすべてのことを自分で行うのが普通だったのだ。人間以外の生物はいまもそのように生きている。人間だけが、異常なほどに仕事を細分化し、役割分担をしている。

あなたが分担していることは、この地球の全人類の約80億分の1。気が遠くなるほどの細分化だ。すると、役割分担している自分のまわり以外のことは見えなくなりがちだ。会社という組織に属する会社員は、細分化された仕事のひとつをこなしてサラリーをもらうパターンにはまって生きるようになる。そんな人に、いきなり「自然と共生せよ」といっても、「森好き、ハイキング好き、トレイルランニング好きという趣味ですね」という発想にならざるを得ない。

これは、誰に非があるわけでもない。よかれと思って、人類みんなでやってきたことだ。みんなでつくってきた、近視眼社会。誰も全体のことを考えない主義。分けて、分けて、インディビデュアル化を極めた社会。

しかし、その結果としての「木を見て森を見ない」現代人一人ひとりのあり方が、地球をないがしろにする世界をつくってしまった。

本書ではここまで、心や死、幸せなどについて多角的に考察してきたわけだが、それはすべて、わたしたちが目の前の「視野の狭さ」から脱するためだといってもいい。地球約46億年の視点や現生人類約20万年の視点から、いまという瞬間をたまたま生きる自身の存在の意味について、視野を広げて思考するためだ。その姿を、自分なりに捉えるためだ。

パンデミックのような、先の見えづらい危機は、視野を広げる契機になったともいえる。目の前の仕事だけを考えていた人が、自分の「生きがい」（261ページ）を探しはじめるなど、各々の状況に応じて視野を広げて、仕事や生き方を見つめ直す機会になっているのではないだろうか。

わたし自身も、以前は仏教成立以来の約2500年の視点で世界の文明史を捉えていたが、最近は現生人類誕生以来の約20万年、ないしは生命誕生以来の約36億年、宇宙誕生以来の約138億年といった視点から世界を実感できるようになった。これは研究者という、営利活動から離れて社会を広い視野から見ることのできる立場にいるからという面もあるだろう。しかし、視野の広い人のほうが、視野の狭い人よりも幸せという研究結果もある。そうであるなら、多くの人が地球的視点・宇宙的視点で自分の人生を考えるべきだと思う。

幸い、多くの人が以前よりもひとつ上の視点で物事を見ようとしているように思う。環境問題や少子高齢化問題など、これまでの延長線上にはない不確定な課題に溢れる現代社会において、多くの人が視野を広げようとしているようにも見える。現生人類約20万年の歴史を描いた、ユヴァル・ノア・ハラリの『サピエンス全史』が世界中で読まれたのも、「わたしたちはそもそも何者なのか」「なにをしてきて、いまどんな状態にあり、今後どこへ行こうとしているのか」を理解したいと多くの人が感じているからだろう。

社会変革家であるジョアンナ・メイシーは、現代の農耕革命・産業革命以来の変化を「グレート・ターニング」と呼んでいるし、世界経済フォーラムのクラウス・シュワブ会長は、第二次世界大戦以来の転換期を「グレート・リセット」と呼ぶ。社会や国家のレベルにおいても、ドイツで「Industrie4.0」[※3]、日本で「Society5.0」[※4]など、産業革命以降続いてきた流れを大きく捉え直すような社会経済モデルも提唱されている。


千年単位、万年単位で世界を捉えるのは、一見難しいことのように感じられるかもしれないが、単に視点の切り替えの問題であり、慣れの問題だ。先に宇宙規模のスケールで自分の存在を捉えようと試みたが（86ページ）、自分は宇宙のなかの取るに足らない物質に過ぎないことを明確にイメージできれば、自分が小さな存在であると理解できるのは当然のことである。

ポイントは、視点をいかに主観から客観に切り替えられるかにある。

先にも述べたように、大切なことは「相手の気持ちに立って考えなさい」だ。もしあなたが隣人の気持ちになれるなら、1万年前の人の気持ちにもなれるはずだし、1万年後の人の気持ちにもなれるはずだ。そして、地球の気持ちにもなれるはずだ。人間は、ほかの生物と比べてあきらかに高い抽象的思考力・想像力を持っている。意識して自らの能力を使い、視野を広げてみればいいだけのことなのである。

また、子どものほうが、役割分担至上主義が身についていないためか、「プラスチックを捨てるのは地球のために良くない」などと、素直に地球スケールで考えられるように思う。勉強して知識

※3 一般的に「第四次産業革命」と呼ばれる。製造業におけるオートメーション化・データ化・コンピュータ化を目指す技術的コンセプトにつけられた。サイバーフィジカルシステム（CPS）、モノのインターネット（IoT）、クラウドコンピューティング、コグニティブコンピューティングなどが含まれる。

※4 第5期科学技術基本計画において、日本が目指すべき未来社会の姿として提唱された社会モデル。狩猟社会（Society1.0）、農耕社会（Society2.0）、工業社会（Society3.0）、情報社会（Society4.0）に続く新たな社会を指す。サイバー空間（仮想空間）とフィジカル空間（現実空間）を高度に融合させたシステムにより、経済発展と社会的課題の解決を両立する人間中心の社会を目指す。

を蓄えるにつれて、知識が邪魔をして思考の幅を広げにくくなるようである。

いずれにせよ、より広い視野を持つことによってこそ、自分がどこへ進んでいくべきかがわかる時代――。それが、現代なのである。

「一番大切なこと」を一番大切にしよう

人間の「視野の狭さ」「あとまわし思考」について述べてきた。人が木を見て森を見なくなりがちな理由は、ほかにもある。第2章でも触れたように、人間はそもそもそんな性質を持つ生き物だからである。人間は反射的に目の前のものに反応するようにつくられている。それは、目の前の問題を解決するためだ。獣があなたを襲ってきたときに、悠長に「地球上でもっとも大事なことはなんだろう？」と考えていたらあっという間にやられてしまうだろう。

狩猟・採集をしていた頃から、人間は目の前の状況に対処しなければ生き延びられなかった。先のことと目の前のことを天秤にかけたとき、本能的に、もっとも大切な長期的な生き方について考える哲学よりも、目の前の課題を解決する実践のほうを優先するように人の心はできているのだ。経済学における割引効用理論では、人は目の前の価値よりも将来の価値を低めに見積もることが知られている。これも同じことだ。

従業員のやりがいと幸せを大切にする会社の代表格のひとつ、ネッツトヨタで長年経営をしてきた横田英毅《よこたひでき》さんがよくおっしゃる言葉に、「一番大切なことは、一番大切なことを、一番大切にすることです」というものがある。しかし人間の脳は、一番大切なことよりも、目の前のことを重視しがちな特性を持っているということなのである。

先にわたしは、「日本は安心安全な社会をつくり過ぎた」と述べた。日本人は目の前の物事の改良改善や課題解決が得意といわれる。とくに戦後の高度成長期には、視野を広くして先のことまで考えなくても、目の前の仕事にコツコツと取り組み、ルールやマニュアルをつくって守って目先のことばかり考えていればうまくいった。だから目の前のことに邁進した。高度成長期には、日本人はエコノミック・アニマルと呼ばれたものだ。

つまり、日本人の視野がもともと狭いのではなく、戦後の成長を担ってきた社会経済システムが、日本人の視野を狭くさせるシステムだった。

巷にはＧＨＱ（連合国最高司令官総司令部）が、日本人の視野が広くならないように思想のない憲法をつくったとする陰謀説を唱える人もいる。わたしはそうは思わない。陰謀説は「誰かのせいにする主義」という局所最適思考であり、全体の相互作用に考えが及ばない人、つまり「木を見て森を見ない」人の典型的発想だと思うからだ。仮にもしも陰謀説が本当なら、まさに敵は視野が広く、こちらは視野が狭いということにもなる。陰謀説が本当だろうと嘘だろうと、問題は現代日本人の視野の狭さにある。

わたしは、歴史の大きな流れのなかで国家神道を中心とする国家が解体され、中心思想がなくなったことが、現代日本人の近視眼に影響していると考える。日本はその後、戦後の体制のなかで安心安全かつ健康な社会を築いたが、安心安全だからこそ、よりいっそう大きな視野で未来を見据えるのは誰かに任せて、「木を見て森を見ない」社会になってしまった。しかも、経営者も、政治家も、官僚も、一般市民も、みんな誰かに任せているような相手任せ構造に陥っているため、誰もこの問題を解決しない。

だから現在も、社会の多くの部分がその老朽化したシステムによって駆動されている。政治も官僚機構も企業も、もちろんわたしの所属する教育機関も含め、多くの領域が中心思想を失い、制度疲労に陥り、迷走している。

では、人間が目の前の課題に注目して近視眼的になるのは、本能だから仕方がないのか？　いや、人間には理性がある。本能に過度に囚われず、自らを律する理性がある。また、古来の知恵がある。いまこそ大きな視点に立って、我々はそもそもいかに生きるべきかを問い直すべきである。

中心に無がある国、日本

現代日本には中心思想がないと述べた。

たとえばアメリカには、つねに中心思想がある。それは、「愛」と「自由」だ。

アメリカには数多くの宗教が存在するが、基本的には国民の多くが信仰するキリスト教が中心である。キリスト教は、ひとことでいえば愛の宗教である。新約聖書には、「汝の隣人を愛せよ」というイエスの言葉が記されている。神があなたを愛するように、あなたも隣人も愛せという意味だ。

また、アメリカという国は、ヨーロッパで迫害されたピューリタン（プロテスタントの一派）が、自

解：わたしは、地球であり宇宙である

由と権利を求めて新大陸にやってきたのが出発点だ。建国の精神はまるで神話のごとくアメリカ人の精神に内在している。アメリカ合衆国憲法修正第一条は、宗教や表現、報道、集会の自由などを規定している。つまり、アメリカは自由のために戦う国である。

では、日本の中心にはなにがあるのかというと――なにもないのである。

いや、正確には「無」がある。「なにも〝無〟い」のではなく、「〝無〟がある」のである。つまり、思想のコアはあるのだが、それは「無常」「無我」「無私」といったわかりにくい概念なのだ。

まず、無常は仏教用語の「諸行無常」からきており、すべてのことは移ろいゆき、同じところにとどまるものはないという意味である。これは感覚として受け入れやすい人も多いのではないだろうか。ただし、ここには自然の営みの移り変わりや栄枯盛衰のみならず、より深い意味が含まれる。人間の存在や認識、あるいは正義や善といったものも絶対的ではない、つまり、哲学でいう絶対確実な「真理」はないということである。

無我は仏教の基本的な考え方である「諸法無我」からきており、すべてのものは我ならざるもの（実体がないもの）という意味だ。一見、馴染みのない概念に思えるが、「因果応報」や「縁起」という言葉ならイメージできる人も多いだろう。この世で起きることはなにかの因果が巡り巡って起きる、あるいは、すべては縁によって生じるのであって、わたしが行っているのではないということである。

ここでわたしたちは思い起こすことがある。それは、第1章でのリベットらの実験（51ページ）によって得られた結論――「心は幻想に過ぎない」という科学的事実である。わたしたちは、いまこの瞬間にいきいきと湧き上がるクオリアを感じ、自らの自由意志によってすべての物事を判断し、行動しているように感じている。だが、それはすべて幻想であった。

つまり、自分の意志だと思っていたものは、まさに「我ならざるもの」だったのだ。東洋思想において中核的な位置を占めていた仏教の根本思想が、近代西洋科学の最先端領域のひとつである脳神経科学の成果と見事に呼応しているのである。

そして無私とは、私心を捨てた献身の心やその状態、まわりとともに生きる姿勢を指す。かつては主君に仕える際の心のあり方などに現れ、現代の道徳観にまでつながっている。いまでも、会社や上司に対して献身の気持ちを持つ人は少なくないだろう。

宗教学者である山折哲雄《やまおりてつお》は、「日本では、縁起・空とともに元来の仏教における根本思想であった無我が定着せず、無心・無私の境地を重視する傾向を示すようになった」と述べている（『仏教用語の基礎知識』角川書店）。

「無ではなく、日本には武士道の精神があるではないか」という人もいるかもしれないが、武士道こそ、まさにこれら無欲かつ無心の精神に支えられているものである。

また、「無常や無我が中心なんて習ってもいないし、合意もしていない」という人もいるだろう。だが、みんなで合意していないこと自体も含めて、わたしは日本の中心はやはり「無」だと思うのだ。

あらゆる価値観の無自覚な雑居

アメリカには愛と自由という中心があり、そのために戦うのに、日本は中心がブラックホールのような無で、理念などまるでないように見える。中心となる理念がないように見えるから、多くの日本人は自信が持てず、自分たちがどうしたいのか、なにを目指しているのかもよくわからずにいる。

だがわたしは、中心に無があることこそ、日本の強みだと考える。なぜなら、無とは、すべての物事を受け入れられることでもあるからだ。

「無がある」とは妙な表現だと感じる人もいるだろう。だが、無とはただ「有」の反対を指しているのではなく、すべての物事を「無として理解する」ということである。

日本は古来、仏教、儒教、漢字など、種々の優れた文化を中国から受け入れてきた。推古《すいこ》天皇が仏教興隆の詔《みことのり》を発した594年以降は神道よりも仏教が広まり、もともとの「日本らしさ」をいったん忘れかけたようにも見える。しかし、その後ひらがなを生み出し、独自の平安文化が栄えた。もし日本が朝鮮半島と地続きだったなら、歴史上何度も中国の属国になっていたかもしれない。しかし、海を隔てた島国だったので、中国から高度な文化が入ってきてもそれに支配されずに独自の文化を生み出すことができた。

のちの時代の武士道も同じだ。武士道は禅や儒教の影響を受けて、日本流の倫理として新たに生み出された。死ぬことを恐れないことが是とされ、なんらかの理由で主君に自害を命じられた場合には、躊躇《ちゅうちょ》なく切腹する精神性が求められた。これを野蛮な文化という人もいるが、己を無に帰すことさえ恐れない、凄まじいまでの精神性と見ることもできるだろう。

つまり、日本人は外からいろいろなものを受け入れるようでいて、その中心には特定のものに染まり切らない「らしさ」が残っており、受け入れたあとで独自のかたちに変化させ、日本化する点がユニークである。このことが日本らしさの源泉になっているのだ。

明治維新から戦後にかけても同様である。欧米から大量に新たな文化や科学技術が入ってきたが、中心に無がある強靭さによってあらゆるものを受け入れ、それでも日本らしさを忘れなかったのである。よく「日本は外圧によってしか変われない」と自嘲気味にいわれることがある。確かに外圧を機にドラスティックに変化する面はあるものの、結果的にはすべてを「日本化」している。

かつて、政治学者である丸山眞男《まるやままさお》は、日本という国の特徴を「無限抱擁」「無自覚的雑居」と表現した（『日本の思想』岩波新書）。日本人はあらゆるものをまるで無限に抱擁するかのように受け入れ、そのまま無自覚に雑居させるというわけである。このとき丸山は、日本も近代西洋のように合理的に真偽や正誤を判断し、物事をもっと論理的に考えるべきという文脈でこの言葉を用いた。

だが、21世紀の現在、このふたつの言葉をもっと肯定的な意味で再解釈してもいいのではないだろうか。近代西洋の合理主義は、経済を成長させ社会を発展させるためにおおいに役立った。しかし、現代社会のあらゆる問題を解決するためには、合理的・分析的なやり方だけでは限界があることが明白である。わたしたちは幸せになるつもりで不幸になり、血を流しているのだから——。

そんな現代に求められるのは、むしろあらゆる価値観を抱擁し、無自覚に雑居させ、そこから新しい可能性を見出していく、日本的な精神性ではないだろうか。

わたしたちは江戸時代までは神道や仏教が融合した文化に対して自覚的だったが、明治時代になるとそれを切り捨て、天皇を中心とした国家神道をつくり出し、戦後は国家神道も切り捨てた。本来持っていた文化を二度も切り捨てたことで、現代人の多くは「中心に無がある」ことを忘れ、ただ中心がないと誤解している。これはもったいないことだ。

以前、国営デンマークデザインセンターのCEOと会話した際に「ヨーロッパ人は若いうちはアメリカに憧れるが、年をとると日本に憧れるんだ」といわれ、そんなふうに日本を見てくれているのだと嬉しい気持ちになったことを思い出す。ヨーロッパの知識人のなかには、日本とその文化の素晴らしさを理解する人は少なくない。

ヨーロッパの建築学科では、ポストモダン建築に日本が与えた影響の大きさを学ぶそうだ。このため、ヨーロッパの建築家は日本文化を尊敬している。かつて、浮世絵は印象派の画家たちに影響を与えた。また欧米では、「ふたりの鈴木」（鈴木《すずき》大拙《だいせつ》と鈴木《すずき》俊隆《しゅんりゅう》）が禅を欧米に伝えた人として知られている。

建築、絵画、禅などの日本文化は、西洋の文化史の転換点に多大な影響を与えてきたのである。だが日本人の多くは、そうした外部の視点や考え方を知らず、自覚もしていない。そんな視野の狭い状態で、「日本はもうダメだ」「日本は絶望の国だ」と過度に不安視している面がある。

しかし、前述の話以外にも、世界には日本を尊敬する親日派が少なくないのも事実である。自分たちの意見を主張し過ぎず、個として身勝手に振る舞わない日本人の態度は、他国の人から見ると驚くほど謙虚で誠実に映る。日本人はもっと自分たちの特徴をリテラシーとして学び、自覚し、自信を持つべきではないだろうか。

「無限抱擁国家」日本

さらにいえば、わたしはこれからの時代において、日本こそ、世界に貢献する国だと思っている。なぜなら日本は中心が無であるがゆえに、どんな思想や価値観に対しても中立であり、寛容でもあるからだ。

日本は世界から見ると辺境にあり、古来、特殊な地域だった。簡単にいうと、外からなにかが入ってくるときに、つねに遅れて入ってくるような「後進国」だったのだ。その分、世界を席巻するような大きな変化が波及するインパクトが薄まったわけだ。いつの時代も、世界の変化をじわりと受け入れてきたのだ。

農耕革命は1万年前だが、弥生人によって日本に農耕がもたらされたのは3000年前といわれ、なんと7000年も遅れていた。

ブッダが登場したのは約2500年前。農耕革命でどんどん変わっていく社会の歪みを見て、「わたしたちはこれでいいのか」と説きはじめた頃、日本はまだ縄文時代（3000年前）から弥生時代に移行し、農耕をはじめたばかりだった。遅ればせながら日本に仏教が入ってきたのが約1500年前。それはブッダの登場から、約1000年も経ったあとだったのである。

しかも、遅れて仏教を受け入れながら、それに染まることなく「神仏習合《しんぶつしゅうごう》」によって神と仏を両立させた。日本にはもともと神様がいるのだから、神様が仏様を守ってあげたり、仏様のおかげで神様も救われたりすると考えたのである。もちろん、こうした融合は日本に限った特徴ではなく、台湾やブータンをはじめ、世界各地で見られる現象だ。

つまり、日本はネイティブアメリカンやポリネシアの人たちと同じアニミズムの思想を受け継ぐ神道を伝えながら、仏教も受け入れ、果ては西洋合理主義までも無自覚に受け入れて21世紀に至っている国なのである。他国に侵略されず、すべてを安全に受け入れることを続けながら、「中空構造[※5]」がいまも残る、個性的な国なのだ。

日本人は近代西洋の合理主義を取り入れ、奇跡のような経済発展を成し遂げて人口を増やしたが、これも遅れた。イギリスでの蒸気機関の実用化は1780年代だが、日本の文明開化は1870年頃と、90年も遅れている。

時代を経るにつれて、世界からのタイムラグは減少してきたものの、日本にはいつも遅れて最先端が入ってきた。これは、言い換えれば、日本は世界でもっとも「古きよきもの」を残している国だということだ。日本では、世界の進歩に対して古いままであることや遅れていることをガラパゴス化と呼び、折り曲げ型の携帯電話をガラケーと呼んだりするが、そこにこそメリットがあるのである。それはもちろん、古いよさと新しいよさを共存させる無限抱擁であり、無常・無我・無私である。この特徴を最大限に活かすことができれば、これからの時代において、日本は世界の調和をリードする存在になれるのではないかと思うのだ。

日本という「無限抱擁国家」は、中心に無がある精神構造を持つために、どんなことも受け入れ雑居させるのである。これはまさに、平和と調和を大切にする全体統合的伝統ではないだろうか。

※5　心理学者である河合《かわい》隼雄《はやお》が『古事記』神話における中空・均衡構造を提示し、日本人の心の深層を解明するモデルとして主張。これも中心が無であることを示している。

人類が「共生」するサステナブルな世界

現代日本の残念な面は、日本人であることの利点を活かし切れず中途半端に自信を失い、自ら生きづらい社会を生み出してしまっているところだ。ステレオタイプとのそしりを恐れず述べるなら、島国でずっと農耕をしていたため、ゼロから新しいことを考える必要性がむかしから多くなかったことも関係しているのかもしれない。従来の環境のなかでいかに生き残るかを考えるほうが合理的だったから、そんな生き方をできる人がこの地でより生き延びたと考えると説明がつく。

日本という国は、世界と貿易をして工業やサービス業で立国したにもかかわらず、言語的な問題もあってか、世界に対していつも気持ちの面で遅れを取っている雰囲気がある。また、日本の若者の「自己肯定感」は諸外国の若者に比べて低く、韓国、アメリカ、イギリス、ドイツ、フランス、スウェーデンの若者と比べてももっとも低いことが調査結果として出ている（内閣府「令和元年版子供・若者白書」）。島国のなかだけで生きる分には問題ないのだが、世界と比べると自己肯定感の低さや自信のなさが過剰になっているように思う。

しかし、希望的な見方をすれば、あらゆる問題が噴出しつつあるのは、次なるイノベーションの種がたくさん生まれていると見ることもできる。自信がないからこそ、力を合わせて助け合うことができるとも考えられる。かつての村社会で利いていた、みんなで助け合って生きる「共生」の感覚も、古来、心に染みついている。しかも、無限抱擁する中心思想も無自覚的に持っている。これらの価値観は、先の見えない時代にこそ有効なのではないだろうか。

近年、若い世代が中心となってビジネスを展開する、ＩＴを駆使したシェアリングエコノミーなどの領域では、むかしの村社会で行われていた「助け合い」が見られる。それを新しいビジネスとして展開したり、社会貢献活動を行ったりする若い世代が、今日、日本で増えている。

また、目の前のことに囚われがちという日本人のデメリットは、裏を返せば、小さい工夫を凝らした製品・サービスをつくったり、他者をもてなしたりすることに向いているということでもある。日本の伝統的な製品は様々な工夫が凝らされている。

たとえば、日本の伝統的な着物はとてもサステナブルだ。もともとは長方形の布（反物）を直線で裁断して衣服にするだけで、着古したら、それを解けば簡単に長方形の布へと戻る。そうしてまた新しくつくり直せば、3代目くらいが風合いも一番美しくなるという。もちろん、布団や小物などにリサイクルすることもできる。

着物は身体のラインに沿った形状でつくらないため、体形が変化してもほぼ問題がなく、身丈《みたけ》や裄丈《ゆきたけ》の調整さえすれば長く着用することができる。また、裁断パターンと布の形状が合っているため、端切れもほとんど出ない。資源に無駄がなくサステナブルかつ美しい。そこには、ただの布を美しく着るための高度な技術と知恵が詰め込まれているのだ。

和ろうそくにも知恵が詰まっている。和ろうそくは西洋のろうそくのように明るくなく、ゆらゆらと揺らぐほのかな明るさだが、うまく燃やすと、ろうが垂れずにすべて煙となってなくなっていく。仏像などを照らすときに使うと美しく、舞妓さんは和ろうそくのもとで見るのが一番美しいといわれる。この無駄のなさは、和服と同じだ。

いや、箪笥も、漆も、能も、浮世絵も、筆も、仏道も、柔道も、茶道も、和菓子も、合気道も、雅楽も同じだ。和のものには、とてつもない伝統の知恵と技術が込められているのである。

このような、素材を無駄にしないあり方には、自然に生かされている人間が、必要最小限のものだけを自然からいただき、また自然へと返していくという「共生」の考え方が表れている。

ネイティブアメリカンの共生に驚いている場合ではない。自分たちも同じような良さを持っていることに、日本人はもっと自信を持つべきなのだ。

先に、「無意識の利他性」について述べた。コロナ禍当初、日本人は感染予防というより「なんとなく人の目が気になるから」マスクをしていた面がある。それによって、「無意識に」集団としての衛生環境が保たれ、ほかの自由主義諸国ほどには新型コロナウイルスは蔓延しなかった。

こんな「いわれてみればそうかも」ということが日本人にはたくさんあるのだ。ポジティブに捉えると、これらはいずれも仕組み化である。人が利他的になるためには、飴（ご褒美を与えること）と鞭（罰を与えること）と倫理（高い志を持つこと）があると述べたが、4つ目は仕組み化である。日本にある利他の仕組みや、サステナブルの仕組みを、もっと自信を持って世界へ発信していくべきではないだろうか。

東まわりはアジアへ、西まわりはヨーロッパへ

ここまで、日本の特殊性と、これからの時代に日本が世界に対して果たせる可能性について述べてきた。ここからは、かつて紀元前5世紀頃までに東まわりと西まわりに分かれた道が、いま再び近づきつつあると捉えるわたしの世界観について述べよう。

現代世界の大部分を規定する合理的・効率的な考え方に限界が見えてきているいま、紀元前5世紀以前までは東洋にも西洋にも見られた「分けない思想」の方向へと、あるいは、現代の論理学では捉えることができない物事の「本質」のほうへと、人類は再び戻るべきだという提案である。

東まわりと西まわりの文明の発展を東洋と西洋と呼ぶ捉え方もあるが、そうすると「イスラム世界やレバントやアフリカはどうなる」などの指摘もあろう。ここでは、東とは日本、中国などの東アジアやインドなどを指し、西とは古代ギリシア以降の欧米を指すことにしよう。

人類は、20万年前にアフリカで生まれ、北上した。そして、アラビア半島あたりで、東まわりと西まわりに分かれた。東まわりはアジアに向かい、西まわりはヨーロッパに向かった。

その後、東まわりと西まわりの違いが明確になるきっかけは、紀元前5世紀前後のことである。この時代は、ソクラテス、ブッダ、諸子百家《しょしひゃっか》(孔子、老子《ろうし》、荘子《そうし》など)らが生きた時代で、世界中で申し合わせたかのようにたくさんの思想が花開いた。ドイツの哲学者であるカール・ヤスパースは、紀元前5世紀を「枢軸時代」と呼んだ。この時期を境に東洋と西洋が枝分かれしていったと見るこ

とができる。

それ以前は、世界では多神教の思想が多数を占めていた。有名なところではギリシア神話は紀元前15世紀にまで遡れるともいわれ、日本でも『古事記』や『日本書紀』に記された神話によると、紀元前7世紀頃から神々の時代が続いていたとされる。世界中の各地域でアニミズムや多神教が信仰され、まだ人間と地球や自然が一体であった頃。「わたしたち」という概念と、「わたし」という概念が曖昧だった頃でもある。

もちろん、紀元前5世紀以前の世界がどの地域も似通っていたわけではないだろう。枢軸時代の哲学者や思想家が現れて、それまでにもあった東洋と西洋の違いがさらに明確になったのが紀元前5世紀前後だと考えればいい。

枢軸時代が到来すると、ソクラテス、ブッダ、諸子百家らは、自分たちの地域に古くからある原始的な、ある意味では妄信的な信仰（多神教的世界観）を脱しようとした。

興味深いことに、ここでの論理の形式は、地域を超えて似ている。

たとえば、ソクラテスは「無知の知」を説き、物事の「本質」を求める哲学的な対話を行った。無知の知とは、「あなたがなにかを知っていても、わたしはあなたが知っていると思っていることを、わたしは知らないことを知っている点において、わたしはあなたよりも知っている」という意味である。これは一見、論理的であるように感じられるが、実は問題をひとつ上の視点（メタ視点）から捉えている。ある枠組み（知っているか知らないか）のなかで問題を論じるのではなく、枠組み自体（知らないことを知っているか）を問題にしている。

図 4-1　太極図

老子・荘子が創始した老荘思想では、「タオ（道）はすべてでありゼロである」といわれる。老荘思想は、のちに道教という宗教を生んだ。道教には「太極図」（図4－1）がある。陰と陽を対立として捉えるのではなく、互いに支え合うかたちで裏表になると考える。

つまり、二項対立の思考を超えて、メタ視点から物事を捉えようとしている。

仏教にも似た論理がある。般若心経の「色即是空空即是色」は、色（実体のあるもの）はすなわち空（実体のないもの）である、空（実体のないもの）はすなわち色（実体のあるもの）であるとし、ここでもあるかないかという二項対立を超えている。

仏教学者である鈴木大拙[※6]は、金剛般若経の論理を「即非の論理」と呼んだ。これを説明するものとして、「山は山にあらず、故に山なり」という言葉がある。これは近代論理学的に分析すると矛盾だが、ひとつ上のメタ視点から物事を全体的に思考していると考えると理解できる。山はもともと山という名称を持つ場所ではない。単なる起伏の一部だ。そうだからこそ「何

※6　明治〜昭和時代の仏教学者。今北洪川《いまきたこうせん》・釈宗演《しゃくそうえん》について禅を修行。明治30年アメリカに渡り、『大乗起信論』の英訳出版を行い、仏教、とくに禅の思想を広く世界に紹介した。著作に『禅と日本文化』（岩波新書）など。

メートル以上の隆起を山と名づける」と人が決めた結果、山という名称で呼ばれる、本来は実体のないものなのである。

弁証法の起源は古代ギリシアに遡るといわれる。弁証法の原理は、「正反合（定立・反定立・総合）」である。これも、定立か反定立かという二項対立を超えて総合するという点において、メタ視点に立っている。

このように枢軸時代に用いられた論理は、二項対立に対してメタの視点から全体を統合的に論じる点で類似している。

これに対し、ソクラテス以降の古代ギリシアでは、二項対立は二項対立のまま分析的に論じようとする論理が主流になっていく。ソクラテスの弟子・プラトンと、その弟子・アリストテレスの登場である。

プラトンはイデア論を説き、日常のなかでわたしたちが関わる感覚や事物や、個別の行為などの多様な物事に対して「イデア」という単一的なかたちを設定した。すなわち、いかなる観点から見ても正しい「正のイデア」や、いかなる観点から見ても美しい「美のイデア」を設定したのだ。正しさの逆は、間違いである。したがって、イデアの思想は二項対立的な論理につながっていく。

プラトンの影響から出発した〝万学の祖〟アリストテレスは、むしろ日常でわたしたちが関わる感覚や事物や個別の行為のほうを重視し、それらを支配する諸原因を探る現実主義の立場を取った。やがて、それらを論理学、自然学、形而上学、倫理学、政治学、詩学などの学問として独自に体系化していく。

まとめると、紀元前5世紀までの論理学は、二項対立とその総合がセットだったということになる。「AかA以外か、その総合か」だ。しかし、それでは複雑である。分析は分析、総合は総合と分けたほうがわかりやすい。そこで、二項対立は二項対立の範囲内で、より分析的に深める方法が発明された。古代ギリシア流のいわば「分ける考え方」である。現代では一般的に使われている、「AかA以外か」という分析・分割に基づく論理が登場したのである。

この論理形式が発展することによって、やがて一神教が生まれ、近代科学が生まれ、産業革命が生まれ、現代に至る。二項対立図式で考える論理形式は単純なので、様々な問題を分析的に解明することに向いているし、考え方が明確なので目の前の短期的な利益を得るのに適している。この結果、科学も技術も産業も発展したのである。

分析の反対が統合だ。要するに、紀元前5世紀までは、西まわりも東まわりも分析と統合が一体となった論理体系が普通だったのに、古代ギリシア以降、西まわりは分析的思考を発展させて経済成長を勝ち取ったというわけだ。

分類・分析的ではなく、むかしながらの総合・統合的なあり方を受け継ぎ、維持したのが東まわりの思想だ。インドや東アジアの思想は、ホリスティック（全体的・包括的）だといわれる。わたしとあなたを分けずに、すべてを合わせて全体として考える。善悪も合わせてひとつ。もちろん本書で述べてきた、「心は幻想である」という考え方も、無常・無我・無私も、無限抱擁も、人間は世界の一部という考え方も、みな統合的な思想・思考である。

これらの哲学・思想が現代人にとって難解に感じられるとしたら、二項対立的に分析・分類するやり方に、現代人が慣れ過ぎているからだろう。もちろん、個人主義（分けて考える主義）的な国が西まわりの側に多く、集団主義（集めて考える主義）的な国が東まわりの側に多い傾向があるのは、以上に述べてきた歴史が影響している。

誤解のないように補足するが、西まわりの国の人々はみな個人主義的で、東まわりの国の人々はみな集団主義的というわけではない。平均値を見ると述べてきたような傾向があるものの、個々人には多様な広がりがある。たとえば日本は、平均値で見ると東アジアのなかではもっとも個人主義的な国であるが、分散は大きい。これは、東アジアにあって集団主義的な文化の影響を受けている一方で、欧米型の個人主義的な教育を行っていることによると考えられる。

近代科学が見つけた、近代的価値観の限界

枢軸時代以来2500年。現代の科学技術も、安心安全で健康な現代社会も、分析と統合を分け、分析するときは分割して考えるという論理とともに発展してきた。2500年もこれを行っているから、現代人は、物事は分析・分割すれば理解できると思い込みがちだ。日本語の「わかる」は、分けるが語源だ。

ところが、興味深いことに、近代の考え方の限界をあきらかにしたのは、近代科学の発展の先に生まれた「素粒子論」「複雑系の科学」「脳神経科学」をはじめとする諸科学である。

素粒子論では、実験者と実験対象を「分ける」ことには本質的に意味がない。なぜなら、現象に

対する観測者の影響が無視できないからだ。これまでの近代科学の分析的方法は、現実の場面には問題なく使えるが（そして非常に強力な力を持つが）、本質的には近代科学で導き出したものは正解ではなく、近似なのである。

たとえば、光は波の性質も粒子の性質も示す。それを、「光は波」「光は粒子」と仮定し、仮定がうまくいく範囲内で分析すると、確かに波の性質も粒子の性質も示す。では、どちらが正解なのか。波か粒子かの論争に終止符は打てない。物質と粒子に分ける考え方自体が近似であり、光は波でもあり、粒子でもあるのだ。

アイザック・ニュートンの運動方程式「F=ma」は絶対的な正解ではなく、物体の速度が光速に比べて十分に小さいときに成立する近似である。一見、物を落としたらF=maに従って加速するように見えるが、アインシュタインが述べたように、視野を広げて光速に近いところまで考えてみると、ニュートンの考えは特殊なケースのみに成り立つ近似だったのである。そして、アインシュタインの相対性理論も、素粒子論とは矛盾する。

複雑系の科学も、近代の考え方の限界を示す。複雑系の科学とは、複雑さの高い現象では、単純な現象の重ね合わせでは説明できないカオスやフラクタルなどの現象が生じることについての科学だ。つまり、分解・分割主義では全体を分析できないことを示している。

一例として「バタフライ効果」がある。ある場所で1匹の蝶が羽ばたいたときに起きたわずかな風が、世界のまったく別の場所の気象を大きく変化させる力を持つことを指す。世界の気象は複雑系であり、ミクロな現象とマクロな現象は分かちがたく密接に依存し合っているのである。

要素間の相互作用が少しだけ複雑になることで、予想もできない多様な現象が生じる。たとえば、二重振り子の簡単なシミュレーションでもそれを示すことができる。[※7] これを複雑系の科学ではカオスと呼ぶ。[※8] そのため、範囲を限定したり単純化したりして分析し、その分析結果から全体を予測しても、正確な答えは得られない。本来世の中には「枠」などないのだから、人間が勝手に設定した枠のなかでいくら観察し分析しても、枠の外の影響を正確に想像することはできないのだ。

脳神経科学においては、たとえば第1章（51ページ以降）で述べた研究結果が一例である。自由意志は幻想であり、人の意志決定は無意識に支配されていると考えなければ説明できない実験結果。これは近代科学があきらかにした、近代的人間観（合理的・論理的人間観）の限界である。

また、脳神経科学に学んだ方法論、人工知能の深層学習も示唆的である。現代の人工知能の主流となった深層学習は、人間の脳のニューラルネットワークを真似た、人工ニューラルネットワークの学習に基づいている。このやり方は、従来の分析的手法と異なり、答えが出ても、答えの理由を定式化できない。脳と同じく、ニューラルネットワークが解を学習するのであって、人工知能が囲碁で名人を下したとき、その理由はわからない。「勝ったから勝った」のである。

もちろん評論家的に、「ここがよかったのだろう」と考察することはできるだろう。しかし、厳密に論理的に説明することはできない。つまり、分けて考える分析的論理を超えた「分からない（分けられない）」手法なのである。

このように、「分けて考える」科学が辿り着いた地点は、素粒子論・複雑系の科学・脳神経科学などの「分けて考えられない」世界であった。面白いことに、人類は分けて考える科学を追求し続けたその最先端から、分析科学を自己否定せざるを得ない証拠を見つけたのである。

ちなみに、前出の「創造的第三の解決法」も二項対立を超越する考え方である。170ページの

※7 二重振り子は、振り子の先にもうひとつの振り子を連結したもの。複雑系として振る舞う。すなわち、いったん振り子を揺らすと、複雑かつ非周期的なカオスが発生する。

※8 ランダムに描かれた乱雑な軌跡でもなく、規則的に循環する周期的な軌跡でもなく、いずれにも類別できない軌跡を描く非周期性の変動現象。数的誤差により予測できないとされる複雑な様子を示す現象。

図を見ればあきらかだろう。つまり、現代におけるイノベーション論も、科学や哲学と同様、二項対立の超越を目指しているといえよう。インダクション[※9]（帰納法）、ディダクション[※10]（演繹法）という二項対立を超えたアブダクション[※11]（仮説推論）に、未来のヒントがあるのである。

人は生まれて必ず死ぬ。新しく生まれた技術もいつか必ずなくなり、いま世界を支配している企業もいずれ衰退するだろう。あらゆるものは生まれて発展すると、必ず限界が訪れて終わっていくのが世の常である。「おごれる人も久しからず、ただ春の夜の夢の如し」（『平家物語』）である。近代科学が素粒子論や複雑系の科学に到達したのも、同じ理《ことわり》に基づく。

従来よりも視野を広げると、それまでの視野で見えていたことの限界が見えるのだ。

そして、東まわりと西まわりが出会うとき

近代的な考え方の限界を示しているのは、科学だけではない。現代の哲学も同様だ。

ちなみに、近代は modern の和訳だ。modern を現代と訳したい気もするが、学術的な定義はそうではない。このあとで述べるように、哲学の歴史は、モダンからポストモダンへと発展し、現代（いま）はポストモダンのあとである。

近代とは、正しい答えがきっとあると考えられていた時代だ。言い換えれば、正誤という二項対立によりすべてはあきらかにできると信じられた時代だ。

※9　経験や実験などによって個々の具体例から、普遍的な結論や一般的な原理を導き出す思考方法。

※10　ある前提から必然性をもって、段階的に結論を導き出す思考方法。代表的なものに三段論法がある。

※11　個別の事象をもっとも適切に説明し得る仮説を、論理的に選択する推論法。

デカルトからイマヌエル・カントに至る近代の哲学者は、宇宙や世界を貫く絶対的に正しいもの（真理）や美しいものを探求した。デカルトは様々な物事を徹底的に吟味した結果、「我思う、故に我あり」と述べた。「いま思惟しているわたしという存在だけは、いま思惟している以上疑いなく存在する」と。このように、様々なかたちで絶対的な真理を追い求めたのが近代という時代だった。

だが、近代以降の哲学は、それら真理の存在を疑いながら発展していく。実存主義、現象学、構造主義、ポストモダンというように。これらはつねに、ひとつ前の哲学の否定として発展していくところが面白い。たとえば構造主義は、「人間は自由意志で物事を判断し選んでいるのではなく、ただ構造やシステムによってある行動を選ばされている」とする考え方である。自由意志を否定した点で、わたしの受動意識仮説に似ている。「我思う、しかし、我なし」である。

いずれにせよ、紀元前5世紀以降、西洋では「西洋哲学という枠」のなかで真理を追求し、その結果、結局、真理はないことを哲学自身が発見したのである。ポストモダン哲学とは、その名の通り「近代のあと」の哲学である。フランスのポストモダン哲学者であるリオタールは、「大きな物語は終わった」といった。絶対的な真理がないことを知ったわたしたち人間は、個々人がそれぞれの小さな物語を生きるしかない、と。

さらには、絶対的なものの存在を否定し、世界そのものや人間存在までも無価値とする虚無主義（ニヒリズム）に至る。誤解を恐れず述べるなら、虚無主義は、仏教や老荘思想に似ている。西洋の哲学者たちが思考の限りを尽くした果てに、また科学者たちが観察と分析の限りを尽くした果てに辿り着いたのは、仏教が説いた「色即是空」（すべてのかたちあるものや物質的なものは、その本質において実体がなく空である）に似た世界観だったのである。

「誤解を恐れず」と書いたのは、いろいろな意見があるからである。確かにポストモダンは東洋思想に似ているという者と、それは短絡思考だという者と——。学術界にも一般社会にもいろいろな意見がある。先にも書いたように、世界は多様で、いろいろな意見がある。

わたしの意見は、世界について真摯に学び、世界を俯瞰して見ると「ポストモダンは古代東洋思想に似ている」である。

西まわりの科学と哲学は、東まわりの哲学に行き着いたのか？　むしろ、西まわりは、その源流である古代ギリシア哲学に回帰しつつあると考えることもできる。

一例を挙げると、日本でも人気のアメリカの政治哲学者であるマイケル・サンデルが提唱するコミュニタリアニズム（共同体主義）は、その源流を古代ギリシア（ソクラテス、プラトン、アリストテレスの時代）に辿ることができる。コミュニタリアニズムとは、人間存在の基盤としての「共同体」の復権を唱え、個人は個別の共同体に属する（そのなかで生まれ育ち、共同体特有の価値を身につける）ことではじめて、主体になるとする考え方のことである。

これは、リベラリズムが、主体は社会（共同体）に先立ち、自らの選択の結果として後者を成立させるとしたのとは対照的な立場である。

指摘したいのは、実際のアメリカ政治に大きな影響を与え、現実の政治に理論面でつながる政治哲学の世界においても、近代科学と同じような変化の流れが見られるということだ。

アメリカの民主党はいま、もともとのリベラリズムと、リベラル・コミュニタリアニズムの混合になりつつある。近代西洋流の合理的・分析的な「分ける考え方」では解決できない問題が、現実

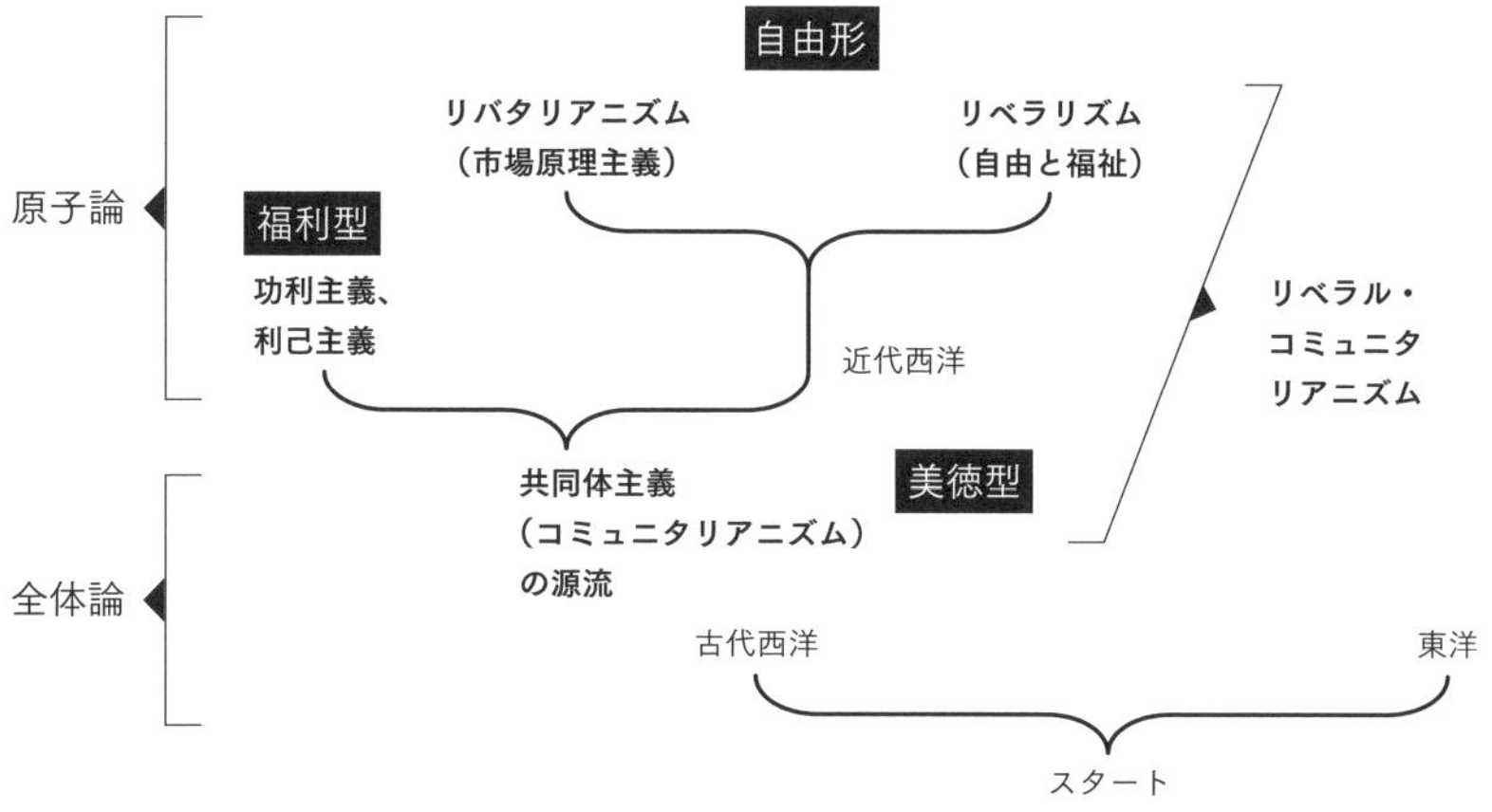

図 4-2　政治哲学の系譜（小林正弥氏の考えをもとに著者作成）

の社会で次々と噴出している現代において、むしろ紀元前5世紀頃の全体として理解しようとするホリスティックな「分けない考え方」が実際に模索されているのだ。

もちろん、アメリカ政治では、福利型の功利主義、リバタリアニズム（市場原理主義）、リベラリズム（自由と福祉）が一大勢力である。だが、これらの思想がいずれも近代西洋流の分析的・合理的な「分ける考え方」によって基礎づけられているのに対し、コミュニタリアニズムは問題を全体として捉えようとし、かつ相互協調的な面が見られる。

もっといえば、コミュニタリアニズムは、日本人に馴染み深いかつての村社会の「助け合い」の精神にも通じる面がある。これは、紀元前5世紀が西まわりと東まわりの源流（分岐のスタート地点）だからだ。現代とは、紀元前5世紀の源流に学ぶべき時代と考えるべきではないだろうか。

図4－2に示したのは、コミュニタリアンである政治哲学者、小林正弥《こばやしまさや》※12氏の考えを、わたしが『幸せの

※12　日本の政治学者。公共哲学・コミュニタリアニズムの研究を通じ、サンデルと交流を持つ。近年は、公共性、対話をキーワードとした実践的な哲学の展開や、ポジティブ心理学の研究に力を注いでいる。著書に『ポジティブ心理学　科学的メンタル・ウェルネス入門』（講談社選書メチエ）など。

日本論 日本人という謎を解く』（角川新書）という書籍のなかで図式化したものだ。かつては似ていた東洋と西洋は、紀元前5世紀に古代西洋と東洋に分かれて以来、西まわりの政治哲学が進歩した様子を単純化して描いた。

ここまで、科学、哲学、政治における大きな構造変化を見てきた。もちろん、これらは現在の環境問題、貧困問題、紛争問題、資本主義の限界の問題など、すべての問題とつながっている。西まわりが培ってきた合理的・分析的な「分ける考え方」と、それと必然的に結びつく社会経済の成長発展を目指す考え方が、世界を動かしてきた基盤だからだ。

合理的・分析的な考え方が限界に到達した現代社会は、これからどうすればいいのか？　先にも述べたように、リオタールは、「大きな物語は終焉し、個々人がそれぞれの小さな物語を生きるしかない」といった。

しかしわたしは、終焉にはその先があると考えている。ゼロからの構築だ。終わりからのはじまりだ。東まわりの知恵だ――。人類は、分析し尽くした結果として見えてきた虚無の現在から、新たに未来の世界観を示すべきではないだろうか。真理はないことが明確になった事実を確認したうえで、そこから大きな物語を、「地球人の合意」に基づいて模索すべき時代なのではないだろうか。

社会学者である宮台真司《みやだいしんじ》は、「普遍主義の不可能性と不可避性」と表現した（『日本の難点』幻冬舎新書）。普遍主義とは、これまで書いてきたような普遍的・絶対的な原理を求める考え方を指すが、そんな普遍主義は理論的に不可能だとわかったうえで、実践的には不可避であると認めざるを得ない。それが、現代だというのである。これを矛盾としないためには、不可能とわかったうえで、普遍的な新たな哲学を構築すべきである。つまり、不可能と不可避という二項対立を超えるべきなのである。

すべてを包摂する「ウェルビーイング資本」主義

では、ゼロから構築すべき物語とはなにか？

それを仮に、ウェルビーイング資本主義と呼ぼう。

資本主義とは、一般にお金を資本として社会を構築する考え方だ。これに対し、アメリカの哲学者であるジョン・デューイやアメリカの政治学者であるロバート・パットナムは、社会関係資本（ソーシャルキャピタル）という考え方を提示した。社会関係が資本となるという考え方だ。これらにならって、「みなのウェルビーイングを願う心」が資本となる社会を構築すべきだという主張が、ウェルビーイング資本主義である。ここでは、言葉を区切る場所を間違えないでほしい。「ウェルビーイング」・「資本主義」ではなく、「ウェルビーイング資本」主義である。

お金や社会関係を資本とみなすのは理解できるが、「みなのウェルビーイングを願う心」を資本とみなすのは、そもそも精神論だし、無形だし、キャピタルの考え方にそぐわないと思う人も少なくないかもしれない。確かに、「お金」「社会関係」「みなのウェルビーイングを願う心」を並列に扱うのは、一見、違和感があるかもしれないが、「社会関係」も無形だし、いずれも豊かさを示す指標だ。

「〇〇があるほど豊かな社会」の「〇〇」に、「お金」「社会関係」「みなのウェルビーイングを願う心」を入れてみると自明である。「お金があるほど豊かな社会」「社会関係があるほど豊かな社会」「みなのウェルビーイングを願う心があるほど豊かな社会」の3つは、いずれも論理的に妥当であるのみならず、あきらかに交換可能・並置可能な概念である。

つまり、わたしが提案したいのは、「お金があるほど豊かな社会」という考え方はそろそろ卒業し、「社会関係があるほど豊かな社会」という考え方をさらに進めて、「みなのウェルビーイングを願う心があるほど豊かな社会」にしませんか？　という提案である。

ウェルビーイングを中心に据えるので、ウェルビーイング中心主義といってもいい。最近流行の〇〇ファーストに対抗して、ウェルビーイング・ファーストといってもいい。幸せファーストでもいい。

ウェルビーイング資本主義をひとことでいうと、すべての人のウェルビーイングを、すべての人が最優先に考えようというスローガンである。アドラーの共同体主義を地球全体に拡張した、地球共同体主義ということもできるだろう。

個人主義と集団主義を統合して、地球全体を集団とみなす考え方といってもいい。分割主義(individualism)はもうやめて、一部の集団の既得権を守る主義ももうやめて、みんなを集めてみんなの考えを聴いて、対立ではなくみなが理解し合う方向に進みましょうよという提案である。

要するに、いまこの地球上に存在する多数の思想や価値観を分割し分断し、それぞれの小さな違いを指摘し合って互いに争うのではなく、すべての人間を「地球人」として包含して大切にすることを目指しませんか？　という提案だ。わたしたちは、それぞれの思想や価値観、宗教の影響のもとで暮らしているが、それらを否定し合うのではなく、理解できないとあきらめるのでもなく、アコモデーション（167ページ）によって第三の道を探り、すべての人間を包み込む思考や行動のあり方について合意するということである。

そのために、人類はメタ思考をして「理想を合意する」べきである。理想とは、みんなが幸せな世界、争いや殺し合いのない世界だ。これだけだ。これを地球人みんなで認め、目指すのがウェルビーイング資本主義だ。

これは包括的な思想なので、わたしは、この理想を実現できるならば、具体的な政治体制にこだわらない。修正資本主義でもいいかもしれないし、斎藤幸平が述べるような修正マルクス主義に移行するのでもいい。つまり、ウェルビーイング資本主義は政治体制よりも上位の概念としての根本原理である。

以下に、民主主義を基盤にした場合の、わたしのイメージする理想世界の一例を述べてみよう。

まず、すべての国で民主化を進めたうえで、国民投票で軍隊を廃止する。そうして互いに戦いを放棄し、世界中の軍隊もすべて廃止し、世界政府（国連のような組織）だけが機能を強化して警察機能を持つ。各国の賢明な代表が世界政府で話し合い、それらはすべて選挙で決める。つまり、全地球人で世界政府の選挙を行い、国はひとつの州のような機能を果たす合衆国のようなかたちになる。

こんな話をすると、荒唐無稽な理想論だと思う人も少なくない。その気持ちもわかる。だが、思い起こしてみてほしい。いま一般の日本人は誰も銃を持っておらず、武器を持たない社会をつくることが合意され、日本では平和裏に実現しているではないか。国家でできることが、世界でできないはずがない。

「世界政府が独裁的な強権を発動したらどうなる？」という人もいるだろう。確かにその点は課題だ。おおいに注意する必要がある。その問題は、現在の民主国家の問題と同じだ。こちらも、国家でできるのなら、世界でもできるはずだ（もちろん現時点で、独裁政治や衆愚政治に陥らない民主政治は完成していないので、この点は今後の課題である）。

原理的には、小学校で喧嘩している子がいたら「みんな仲良くしましょう」と教え、それをみんなで実現していくのと変わらない。全世界の約80億の人間たちが仲良くするというだけのことだ。争い、軍備増強、国境警備などをすべて放棄し、それらの資金を貧困対策や環境対策など地球人のために使うだけで、世界はいまよりはるかに豊かな場所になるだろう。

「うんうん、理想はわかるけどね」「いやいや、現実はそうはいかない」と多くの人がいう。しかし、理想を描かない態度が、理想のない現実をかたちづくるのだ。

「現状は理想には程遠い状況にある」という主張もあろう。もちろんその通りだ。たとえば、民主制度を国際的に比較した過去最大規模のプロジェクト「バラエティー・オブ・デモクラシー」（V-DEM）の報告書によると、現在、自由主義や民主主義ではない国（専制主義国家、軍事政権など）に住む人のほうが、そうである国の人よりも多いという。民主制度の拡大・縮小の状況を人口比率で表すと、縮小化が進んだ国の割合のほうが、自由主義や民主主義の国々よりも多くなっているのだ（V-dem Institute「Democracy Report 2021: Autocratization Turns Viral」）。

つまり、理想の世界を目指すには、まだ民主化されていない国々の問題がある。地球上のすべての国が民主化されるには、まだまだ時間がかかるかもしれない。すべての国が民主化されないと、理想的な世界政府は実現できない。したがって、まだまだ実現は遠い理想論である。

だからといって、理想主義は不毛なのだろうか？

いや、そんなことはない。理想主義は不毛という人には、声を大にしていいたい。何百年かかるからといって、あなたはあきらめるのか？　あきらかに理想とわかっていることを、あなたは目指さないのか？　何百年後の子孫のことを想う想像力を、あなたは持たないのか？

わたしが、理想論に対する現実的な反論に憤りを覚えるのは、「なぜ理想を描こうとしないのか」という点である。

たとえ何百年かかるとしても、「それが理想の世界だ」とみんなで合意して目指している状態と、「理想は脇に置いて、現実的には戦わざるを得ない」と考えるのとでは、思考や行動に大きな差が生じると思うのだ。もしも理想だけでも合意できていれば、紛争や環境問題やパンデミックのような人類全体の危機に対して、もっと助け合う力が働くではないか。

端的にいえば、各国の憲法第一条に「世界平和を目指す」ないしは、「世界のみんなのウェルビーイング・ファースト」と記すべきだ。公務員が全体の奉仕者であるのと同じように、各国のトップは各国の奉仕者ではなく「世界の奉仕者」だと合意すべきだ。

「世界平和か、現実か」という二項対立の図式で考える近代型思考はそろそろやめませんか？　そして、国家に分かれて争うのもそろそろやめませんか？　そう、全人類に提案したい。

もちろん国家が動かなくても、それぞれの個人も同様に「みんなのウェルビーイングを第一に」生きるべきだ。政治が動かなくても、権力者が動かなくても、できる人からはじめようではないか。すでに、個々人の力で世界を動かせるグローバル・ネットワーク社会はやってきているのだから。

「人類3・1」というパラダイムシフト

ポストパンデミック時代を生きるわたしたちは、まさしくカオス期に生きている。戦後のパラダイムで見ても、もう少し長く産業革命以降の歴史で捉えても、大きな変革期に差し掛かっていることは疑いようがない。

わたし自身は、人類20万年の歴史から見て、いまの時代は「人類3・1」というべき大変革期に差し掛かっていると考えている。

次のページの図4-3は、京都大学の広井《ひろい》良典《よしのり》教授が『人口減少社会のデザイン』(東洋経済新報社)で示した図をもとにわたしが作成したものだ。

人類は過去に3度の拡大期・成熟期を経験している。最初の拡大期は、アフリカで人類が誕生してから、狩猟・採集生活をしていた頃だ。しかし、5万年前ごろには拡大が止まり、定常化する。狩猟・採集生活で生きられる人数の限界に達したからだ。この頃に心のビッグバンといわれる現象が起きる。世界中の洞窟に壁画が描かれるなど、人類がアートを文化として残した時代だ。

その後、地球が温暖化した頃に、人類は農耕を発明する。それがいまから1万年前のことだ。単

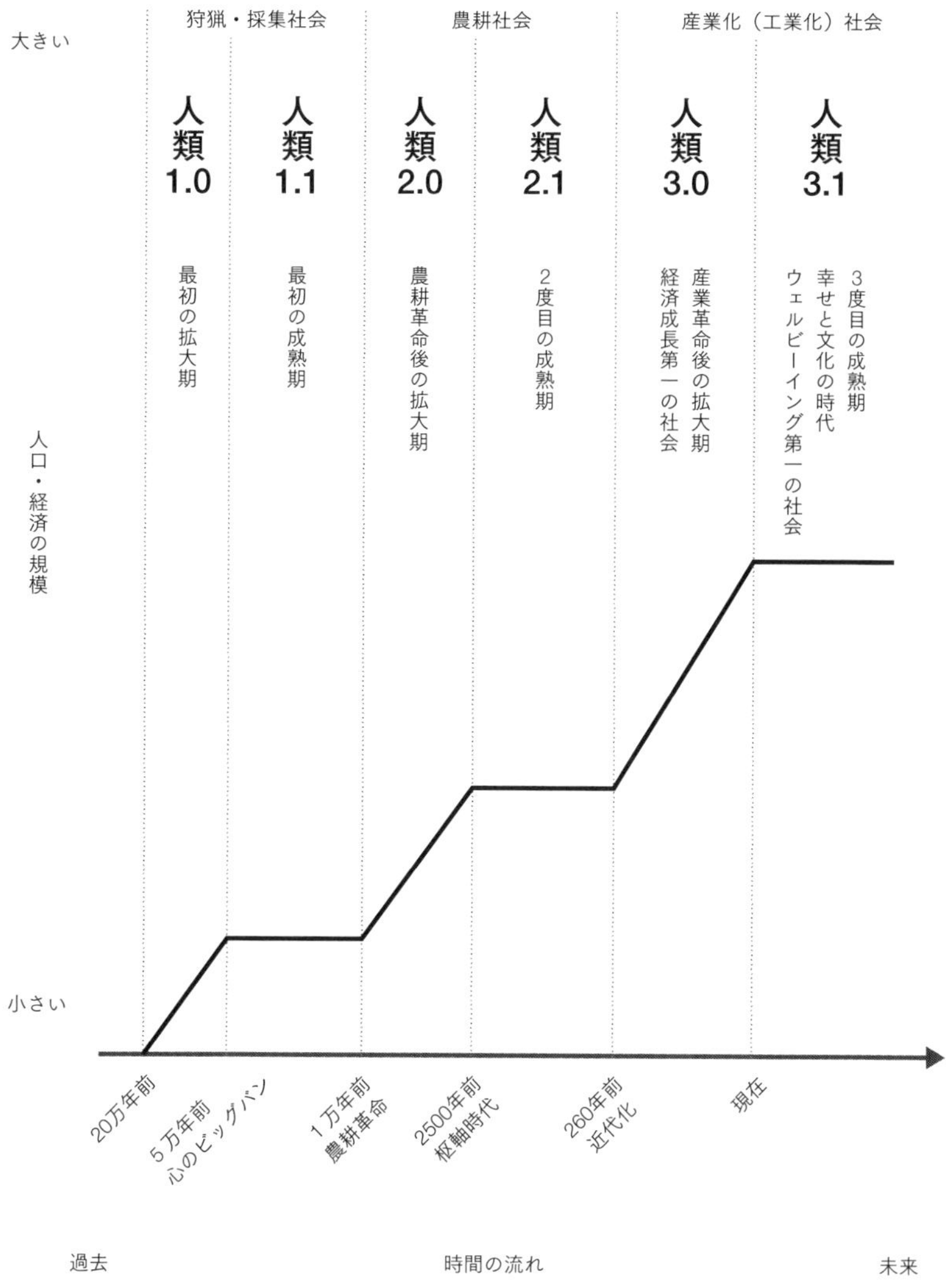

図4-3　人類史における成長・成熟のサイクル（広井良典氏の図をもとに著者作成）

位面積当たりに生きられる数が大きく増大した人類は、再び増加に転じる。

しかし、紀元前5世紀頃（いまから2500年前）には再び定常化する。農耕で養える人口の限界に達したからだ。この頃のことをドイツの哲学者であるカール・ヤスパースは「枢軸時代」と呼んだ。古代ギリシアでは、ソクラテス。インド・ネパール地方ではブッダ。中国では、孔子、老子、荘子、孟子などの諸子百家。哲学・思想・宗教の生まれた時代である。

260年前には、近代化の進展による3度目の増加に転じる。産業革命、情報革命を経て現在に至る。

しかし、日本では少子高齢化による3度目の定常化がすでにはじまっている。世界的に見ても、環境問題、格差問題をはじめとする課題によってもはや人口増加は困難になりつつある。このため、世界人口も数十年後か百数十年後には減少に転ずるといわれている。


大きく分けて、狩猟・採集時代が人類バージョン1、農耕時代はバージョン2だ。そして、産業化（工業化）以降がバージョン3。小数点以下は、お気づきのように、拡大・成長期はポイント0。定常・成熟期はポイント1である。

229ページの図を見ながらこれまで述べてきたことを復習するとわかりやすい。

シュワブ会長のグレート・リセット（196ページ）は、3・0から3・1への移行を述べたものだ。経済成長から幸せへ。メイシーのグレート・ターニング（196ページ）は、2・0、3・0から3・1への移行を述べたものだ。農耕革命、産業革命から、幸福革命へ。

紀元前5世紀への回帰とは、3・1の時代が2・1に学ぶものであることを示している。中沢新一は、2・1時代の仏教が、1・1を目指すものであったことを述べている（182ページ）。かつてのルネサンスも、3・0の途上にあった中世において、2・1に学ぼうとした運動であった。

つまり人類は、経済成長期にはがむしゃらに成長を目指すのであるが、思想・文化・アートが栄える定常期になると、過去の定常期に学びたくなるのである。

経済成長期の論理から見ると、定常期は衰退期に見える。それは、経済成長が止まるからだ。しかし、心の成長という視点から見ると、経済成長期こそ心の豊かさを忘れた自傷時代であり、定常期は心の成長期である。

単純化して述べると、経済が成長しているときには心は成長せず、経済が成長しない時代には心が成長するというわけだ。

これからは、人類3・1の時代であり、ウェルビーイング資本主義の時代だ。これまでも、ポイント1の定常時代は文化や芸術の時代であった。これからの時代も、ウェルビーイングを第一に考え、人類が成熟した文明を謳歌する時代になるのではないか。1・1の時代に人類はわたしとあなたの区別をしなかったように、2・1の時代に人類は分解・分析主義を超えていたように、3・1とは、もちろん3・0で築いた科学技術文明を生かしつつも、1・1や2・1の豊かさに学ぶ時代になるのではないか。

つまり、日本が世界に先駆けて到達するこれからの人類3・1とは、個性・感性・創造性の時代である。画一的で人間的ではない仕事は人工知能に任せ、人間はこれまで以上に感性を研ぎ澄ませ、芸術、哲学、スポーツなどの人間的な活動に挑む時代となるのではないか。

人類1・0から2・1までは第一次産業が支配的な時代であったが、3・0初期には第二次産業が巨大化し、3・0末期である現代社会では第三次産業人口が拡大し続けている。これからもこの流れは続くだろう。個性・感性・創造性を生かす仕事は、従来の方法で分類するならサービス産業に属するであろう。

人間の個性・感性・創造性には限界があり、人工知能がすべての仕事をやってくれる時代は退屈で退廃した時代になるのではないかという意見もあるだろう。確かにそうなる可能性はある。人類は思いのほか怠惰で愚かだからだ。

イギリスの哲学者であるジョン・スチュアート・ミルが『功利主義論』のなかで、「満足した愚か者であるより、不満足なソクラテスであるほうが良い」といったように、わたしは単純な欲望を満足させる幸せよりも、人類が長く培ってきた叡智《えいち》を学び、それについて考え、発展させることを幸せと感じる人間でありたい。幸福学研究者として、後者のほうが豊かな幸せだと知っているからだ。

本を読む人が減り、哲学を学ぶ人が減り、人類は安易な快楽充足に向かっているようにも見えるが、わたしは人類を信じたい。個性・感性・創造性をこれまで以上に発揮する方向に人類社会は発展していくと——。

その根拠のひとつは、茶道、華道、書道、武道などの達人や、伝統芸能・伝統工芸の職人について研究してきたり、実際に接してきたりした実感である。彼ら彼女らの個性・感性・創造性は素晴らしい。いや、凄まじい。人の能力はここまで研ぎ澄ますことができるのかと感嘆せざるを得ない。全世界の約80億人の人類が、みんなで達人を目指すなら、人類3・1はおおいに明るい未来なのである。

そしてもちろん、第1章で述べたウェルビーイング産業の主要な一部は、達人産業であろう。人々が、個性・感性・創造性を生かし、より人間らしく生きるための産業である。

さて、人類1・0から3・1までの長い人類史と、ひとりの人の人生との関係について考えてみよう。

前に述べたように、農耕革命後は、狩猟・採集時代よりも労働生産性が低かった。また、産業革命後の労働者も過酷な労働を強いられていた。人類バージョン1は、ある面で人類2や3よりも豊かだったのである。人類2や3は、よかれと思って発展してきたけれども、実は心の豊かさを犠牲にしていたのである。だからこそ、心の豊かさを目指す3・1へと移行すべきなのである。

こんな人類の歴史は、個人の歴史と似ていないだろうか。

母親の胎内にいる頃を仮に人間1・0としよう。生まれてきた直後は乳児である。母親の胸に抱かれて幸せだった。これを人間1・1と呼ぼう。

人は、第一次性徴期（第一次反抗期）を経て幼児になる。母親から独立した個人となるのだ。人類が母なる大地から独立して農耕をはじめたように。反抗期が、人間2・0だ。

その後の2・1とは、小学生として充実した人生を送っていた頃。

そして中学生になると、第二次性徴期（第二次反抗期）を迎える。子どもから大人になる頃だ。それを超えると大人。人間3・0。成長し、お金を稼ぎ、ほしいものを買い、出世し、物質的な豊かさを謳歌する3・0時代。

経済的にも肉体的にもピークを過ぎた壮年期から老年期。幸せに生きるとはなにかを自らに問う時期がくる。それが、人間3・1だ。

人類は、人生の後半と同様に、成熟期を迎えているということなのではないだろうか。

「十牛図《じゅうぎゅうず》」という、悟りに至る段階を描いた10枚の絵をご存じだろうか。

中国宋代の禅僧である廓庵《かくあん》が作成したもので、最初の第一図では、仏性の象徴である牛を探し求める牧童の姿が描かれる。

続く第二図以降は、牛の足跡を見つけたり、捕まえたり、手懐けたりするわけだが、帰路についたあと第七図で牛がいなくなり、第八図では牧童もいなくなって空白になる。これが悟りを表している。

しかし、もともと第八図までしかなかった絵に、禅はあえて2枚を加えた。そして、第九図では空白から再び自然が現れ、最後の第十図で、また世俗の世界へと戻っていくのだ。

このとき、第一図と第十図の見かけは似ているのだが、内実はまったく異なる。悟りの境地に達した者は、悟りの境地を捨て、ただ、いまを生きることを楽しむ、幸福な人間として生きるのである。

同じように、わたしたち人類は自らを著しく発展させながらも、同時に自傷行為を続けた人類3・0を経て、より成熟した人類3・1のフェーズへと向かっていく。

その際には、これまで成長と拡大のためだけに使っていたテクノロジーを「人間の豊かさ」のために使い、高度な医療福祉や教育などを整備しながら、人間らしく幸せに生きることにフォーカスしていくべきではないだろうか。

そのためにはまず、思想面から「経済成長こそ善であり幸福」とする考えを改めることが求められる。人類の幸福のリテラシーを根本的に変えるパラダイムシフトである。このような「幸せ革命」を地球全体で成し遂げていくことが、これからの時代において、物質的・精神的に苦しむ多くの人たちの救いとなるだろう。

現在、人類3・1に向かう動きが実践面でも数多く現れつつある。たとえば、わたしが注目しているのは、田口一成《たぐちかずなり》さんが代表を務める株式会社ボーダレス・ジャパンの事業活動だ。社会課題の解決を事業にするソーシャルビジネスを世界15カ国・43社（2022年2月現在）で展開し、社会に貢献する事業だけで1兆円企業になることを目指している。彼のほかにも若い世代を中心に、ビジネスとして社会貢献に取り組んだり、NPOとして活動したり、SDGsをより考慮した企業活動を行ったりと、地球にとっていい環境や社会をつくろうとする動きが次々と出現しつつある。

人類が農耕革命や産業革命を成し遂げたときは、すべてが人間の利益と利便性のために行われた。自動車が最初に発明されたとき、多くの人は「これでは凸凹の馬車道は通れない」「馬より遅くて重くて不便だ」と笑ったという。だが、産業革命は人類3・0が要請する大きな歴史の流れであり、自動車のために道（自然）のほうを改変する発想で、人類は利益と利便性のために突き進んだのだった。

しかし、次なる革命は利益のためではなく、すべての人の豊かさのために行われるべきだ。そのための試みを、みんなで応援し合い推進していく時代になる。

人類の真価が試されている。

第5章

分岐点：愛するか、滅びるか

心の地動説

第1章では「受動意識仮説」について述べた（57ページ）。要約すると、わたしたちの「意識」は、脳のなかで「無意識」に行われている処理を受け取ってエピソード記憶するためのものであり、主体的になんらかの行動を起こしているわけではない。この受動意識仮説から、第1章では「心は幻想」であることを示した。

第2章から第4章では、「わたしたちはいかに生きるか」という問題を解くための条件、連立方程式、解について述べてきた。話が一巡したところで、あらためて「受動意識仮説」について捉え直してみよう。わたしたちの心はどこにいるのか？　という論点である。

日常の感覚としては、わたしたちは自分の意識が自分という存在をコントロールしているように感じる。こうしている瞬間もあなたは、自分とまわりの状況を把握し自分で物事の判断を下していると感じるだろう。また、自分という宇宙の中心にいるように感じている。そう考えて生きてもまったく不都合はなく、それ以外の視点は、普通に生きるうえでは不要だ。

これは、かつて人類が信じていた天動説とよく似ていないだろうか。自分が立つ大地は巨大で安定した不動のものであると考えられ、まさか大地が回転しているなどとは思いも寄らなかった。

一方、地動説以降の時代に生きるわたしたちは、地球が回転している事実を知っているが、だからといって普段の生活でそれを意識しなくても問題ない。むしろ、「太陽が東の空から昇った」「西

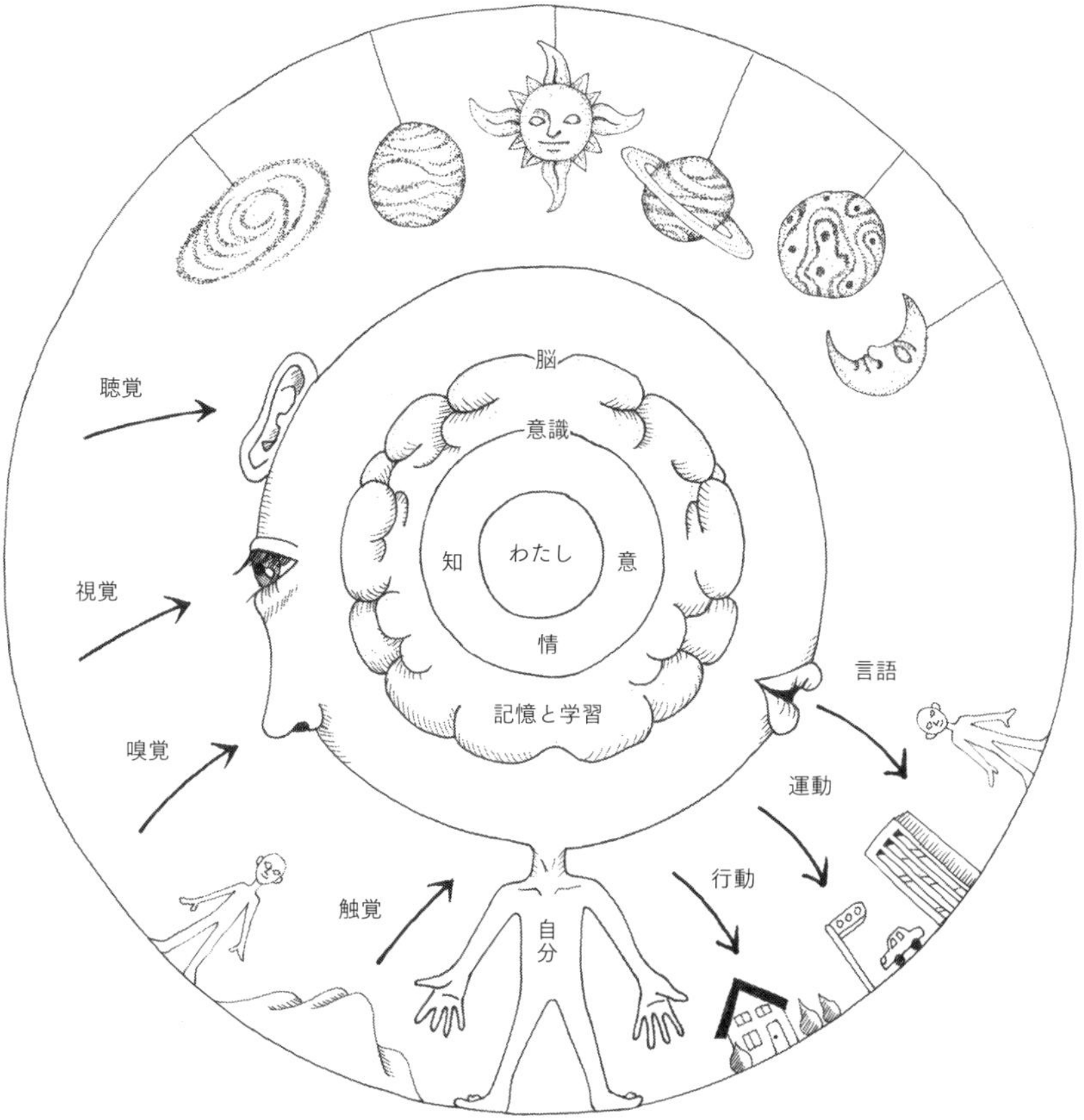

図 5-1　心の天動説

「知」は知的な情報処理の働き、「情」は感情、「意」は意図や意志決定の働きを表す。世界の中心に「わたし」がいると捉えるのが心の天動説の空へ沈んでいった」などと、天動説に従った表現をいまもあたりまえのように使っている。なぜなら、そのほうが自分の実感に合っていて安定感・安心感を得られるからだ。

しかし、地球は確実にまわっている。わたしたちは、宇宙の〝脇役〟なのだ。

地球がまわっていないと仮定して星空を観測すると、美しい楕円軌道ではなく、惑星は奇妙で複雑な運動をすることになる。辻褄の合わない現象が、次々と見つかる。

それを「心」に置き換えたのが、リベットらの実験である。自分の意識は脇役であると考えないと、辻褄の合わない観察結果が次々と現れる。自分の意識が自分をコントロールしているように感じるのは、まさに「心の天動説」(図5−1)に囚われている状態ということができる。

だが、心の真相は違う。「心の地動説」(図5−2)だ。

「わたしたちは世界の端っこで生きているほんの脇役のような存在」だと述べた。わたしたちはただ無意識下の処理を受け取っているだけで、わたしたちの意識は外の世界とつながってさえいないのだ。

外の世界とつながっているのは、無意識のほうだ。

自分の身体の運動や言葉や行動、他人の身体の運動や言葉や行動、脳内のシミュレーションなど、どんなものも無意識から情報が流れ出て、なにかが起こり、その結果がまた無意識に流れ込んでくる。無意識が外の世界とつながっているのであり、地球が宇宙に無数に存在する星々のうちのひとつに過ぎないように、わたしの意識は世界の中心にはない。それどころか、わたしたちの意識は外部から隔離された牢獄で、〝嘘の劇場〟を観察するだけの囚人なのだ。

本書で述べてきた話と「心の地動説」を重ね合わせてみると、様々な項目がぴったりと重なり合

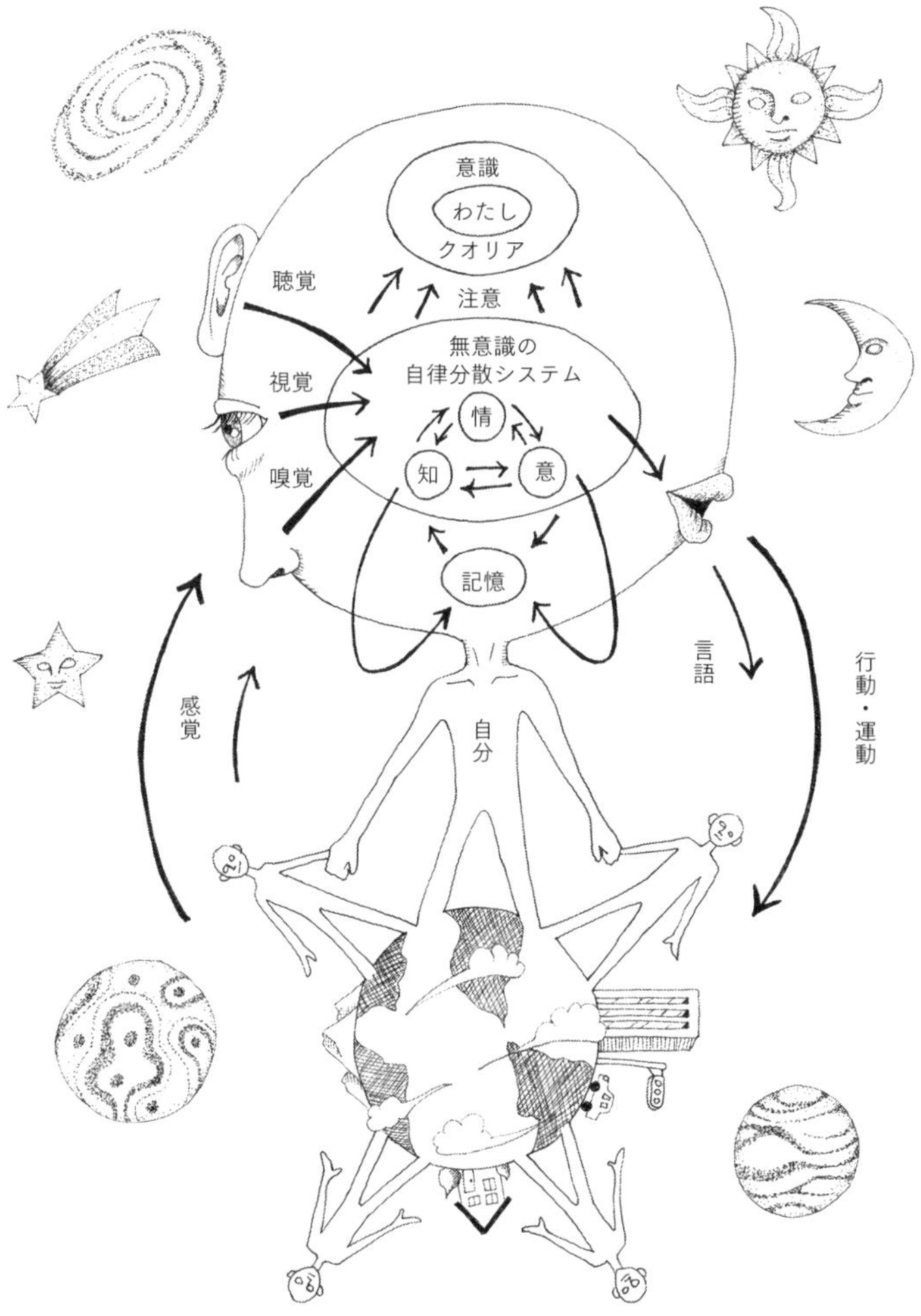

図 5-2　心の地動説

心の地動説では、「わたし」は中心ではないどころか、世界とつながってさえいない。外の世界とつながる無意識から情報を受け取っているだけうことにお気づきだろうか。

心は幻想だから、わたしたちはもう死んでいるようなものだ。一見、夢も希望もないようだが、同時に不安や恐れや悲しみもない。善も悪もない。楽も苦もない。本質的にはポジティブもネガティブもない。もともと世界は全体として世界であるだけで、「わたし」などどこにもない。あるとしても、脇役である。なにに囚われることもなく、あなたの人生をゼロから創造する自由があるのだ。

これは、仏教が説いた「無我」の境地に重なる。また、老荘思想が説いた無為自然、構造主義以降の現代哲学が至った思想、現代科学が至った二項対立では捉え切れない世界観に重なる。

わたしたちは無意識でつながっている。脳がつくり出す現象的な意識である「わたし」は受動的だが、脳などの器官を含めた身体を指す、個体としての「自分」は世界とつながっている。しかも、物理的にも、情報的にも、そもそもどこからどこまでが自分なのかも曖昧である。わたしとわたしたちの区別をする必要はないのだから。

本書で述べたどの論点から見ても、「わたし」を中心にして世界のことを考えることは不毛だということになる。

それは倫理的におかしいというよりも、そもそも事実錯誤だからだ。「わたし」を設定したとたん、自分とは意見の異なる者が他者として目の前に現れる。人類はそれを何千年も続け、怒りのエンジンで駆動されてきた。もちろん、いまも戦い続けている。これは自傷行為のようなものである。

まとめると、わたしはないが、あるかのように現れ出ているだけである。わたしとわたし以外の境界も曖昧だが、境界があるかのように認知しているだけである。

だとすれば、どうすればいいのだろうか？

「世界中の生きとし生けるものを愛す」ことは可能か？

第3章では幸せの4つの因子について述べた。また、第4章ではウェルビーイング資本主義の話をしたが、そのなかにどのように幸せの条件が組み込まれるかという話はまだしていなかった。

ここで、幸せの4つの因子を思い出してみよう。「ありのままに！」「やってみよう！」「なんとかなる！」「ありがとう！」の4つだ。

これらをさらに単純化すると、最初の3つは「やりがい」ということができ、4つ目は「つながり」である。つまり、「やりがい」と「つながり」のある人は幸せなのだ。別の言葉でいうと、「自分への愛」と「他者への愛」である。

自分を愛し、「なんとかなる」から「ありのままに」「やってみよう」と思える人は幸せである。他者を愛し、他者とつながり、他者のために利他的に行動し、他者に「ありがとう」といえる人も幸せである。要するに、「自分への愛」と「他者への愛」のある人は幸せなのである。

ところが、わたしは存在しないし、わたしと他者の境界は曖昧なのであった。

自分はないし、自他非分離なのに、自分を愛し、他人を愛すとはどういうことだろうか？

これはまず、自分はないけれども幻想としては立ち上がってきているわけだから、その「自分を愛す」ということである。自分はないのだから、愛しても愛さなくてもいい。しかし、本当はないものが、まるであるかのように現れ出てきた宇宙随一の幸運を、喜び楽しむ以外の選択肢にメリットはない。そうであるなら、なんの偶然か現れ出てきたこの自分を愛するほうがいいに決まっている。つまり、「本当はないが、あるかのように現れ出てきたわたしを愛そう」である。

また、自他非分離と考えると、「自分への愛」＝「他者への愛」となる。他者は地球上に広がっている。よって、自他への愛の極限、すなわち幸せの極限は、「世界中の生きとし生けるものを愛する」ことである。「本当はないが、あるかのように現れ出てきた世界を愛そう」である。

以上のように、すべての人間が、「世界中の生きとし生けるものを愛する」状態を目指すべきだという結論が導かれる。自分のまわりの人だけを愛すのではなく、すべての人や生物を愛するのである。

さて、あなたにはこれができるだろうか？

世界中の生きとし生けるものを愛することは、原理的に不可能だと考える人は意外と多いものだ。学術界、宗教界、実業界など、それぞれの分野で、人間の幸福や愛について思索を深めている人ですら、「すべての人を愛することはできない」と考える人は少なくない。わたしはそんな多くの人に遭遇してきた。もちろん、それらの主張は、本書の主張とは異なる立場に立つことから生じたものと考えられる。

一例を挙げよう。

幸せについての研究を行っている、ある高名なアメリカの心理学者との公開の対話の場で、ある日本人経営者が「人間の幸せを願うことは世界平和につながりますね」と質問したことがあった。

するとその心理学者は、「いや、幸せの話と世界平和の話は結びつかない。幸せを考えられる対象は、自分のモラルサークル内にいる人だけだ」という趣旨の返答をした。モラルサークルとは、要は仲間のことを指す。つまり、同じ倫理観を共有する仲間の幸せは考えられるが、自分の敵や、自分が理解できない人の幸せを考えることはできないというのだ。だから、仲間の幸せと世界平和は別の話だと述べたのだ。

彼は、もちろんわたしが尊敬する研究者のひとりなのだが、その発言を聞いたときは、個人主義の限界というか、自分と他人を分けて考える合理的思考の限界を感じた瞬間だった。自分の仲間は信じるが、敵はあくまで敵だとみなす考え方である。つまり、理解したり信じたりできない人はいる、という前提に立った考え方なのである。

もちろん、これはひとりのアメリカ人の話であり、アメリカ人がみんな世界の平和を願えないわけでも、日本人がみんな世界の平和を願えるわけでもない。

ある日本の著名な僧侶と議論した際に、その僧侶がわたしの意見を受け入れず、「それは間違いです」と強く否定したことに違和感を覚えたこともある。世界中の生きとし生けるものを愛するのなら、他人の意見を否定するにしても、言い方があるのではないかと思ったものだ。わたしは、人によって考え方や価値観が違ってもいいと思っている。ただ、それを尊重し、アコモデーションし、互いに違いを理解しようとする姿勢こそが、最初に求められるべきだと思う。わたしは、すべての人がわかり合うことは、可能だと思う。

自分だけが正しい真理に到達したと考えることは、対立へとつながっていく。世界中の多くの主張はこの形式に陥りがちだ。いや、分析的思考のときにはそれでいいのである。仮に物理学の理論を考える際、ニュートンとアインシュタインとハイゼンベルクのうち、どれが正しいのかという分析的な議論は極めて有効である。

しかし、いかに世界の平和や世界人類の幸せを目指すかという統合的議論には、そもそも排他的に間違いを正すあり方はそぐわない。全体として、全員の主張を受け入れるとどうなるだろうかという寛容なあり方がそもそも希求されるからだ。互いに合意したり、少なくとも互いの存在と主張の意味を認め合ったりすることによって世界を統合し、世界平和に向かうのが、統合的議論である。

自分と異なる考え方や価値観を持つ人には、自分とは異なるものを信じた歴史的な背景がある。だから、世界にはキリスト教、仏教、イスラム教をはじめ、ありとあらゆる宗教が存在する。同様に、様々な思想や価値観が存在する。それを「間違いだからダメだ」と一方的に断じるのではなく、自分とは別の価値観の存在があり得ることを認め合うべきなのだ。願わくは、その違いの原因を、徹底的に議論し追求し、メタレベルでの合意に至るべきだ。

「あ、なんだ。そういう意味だったんだ！　ごめんごめん。すっかり誤解していたよ。そういう考え方も確かにいいよね」

そんなアコモデーションを、全人類が目指すべきなのだ。これがウェルビーイング資本主義だ。世界人類のウェルビーイングを願うことこそを、キャピタルとすべきだという主義主張である。

世界は愛でできているか、対立でできているか。美しい世界か醜い世界か。性善説か性悪説か。

怒りのエンジンに駆動されるべきか、愛のモーターに駆動されるべきか……。これらは古来議論されてきた。一見、どちらの立場でも理論武装は成り立つように思えるものの、本書で述べてきたように、これは対立構造ではなく、成長段階論である。あるいは、包含関係ともいえる。全体統合論は、分析・分割論を包含しているのだから。

したがって、分析・分割論者の挑発に乗るのは適切ではない。分析・分割論者に反論することは、包括関係から対立関係に降りていくことにほかならないからだ。「そういう考えもありますね。いいですね！　それも包含する考えを一緒に考えましょう」と戦わずして包含するべきなのだ。

つまり、人類が成長し、世界人類を愛するとみんなで決めれば、戦いは終了する。そして、みんなが共通点と違いを認め合う世界になっていく。これは極めて単純明快である。

人類が、過去を清算し、個人主義への過度の執着を捨て、局所的集団主義への執着も捨て、みんながみんなの幸せを願えば、世界平和は実現する。ただそれだけのことなのだ。

人類がこれまで構築してきたイデオロギーも宗教も価値も、すべてが幻想である。そもそもわたしたちが生きていること自体が幻想である。もちろん、いずれもいきいきとありありと感じられる幻想だ。

あなたは世界の中心にはいない。そう理解し実感できれば、これまで述べてきた世界平和への理想は、あまりにもあたりまえではないだろうか。

みんな素晴らしい。だから愛おしい

わたしたちはもともと死んでいるようなものなのだから、生きていても死んでも大差はない。「生きてよし、死してよし」である。そうはいっても、せっかくの幻想としての生なのだから、いきいきと生きたいと思うのが人間の性《さが》というものだろう。

しかし、これまでの主張をもう一度述べよう。どんなふうに生きても、所詮はいつか無に帰す。もっというと、心は最初から無だ。だから、財を積み上げても、名声を後世に残しても、すべて完璧なまでの無駄なのだ。だったら、人の目を気にするのは徹底的にやめて、自分の二度とない人生を主観的に満喫すべきではないか。主観的な満喫とは、いまを幸せに生きることである。幸せな人は、誠実で、利他的で、包容力があり、人々から慕われる人である。だったら、この幻想人生を、誠実で、利他的で、包容力があり、人々から慕われる人として生きようではないか。

幸福学研究者であるわたしには、これは自明中の自明に見える。幸せに生きたかったら、誠実で、利他的で、包容力があり、人々から慕われる人として生きるべきだ。これが正しいことは、数々の心理学的な研究成果に基づきわたしが保証する。

誠実で、利他的で、包容力があり、人々から慕われる人とはなにか？　ひとことでいうと、愛のある人である。要するに、愛なのだ。

つまり、生き残りたいなら、もはや世界人類を愛する方向へ進むべきなのである（もちろん、生き残りたいと思うのも幻想なのだが）。これは科学的・心理学的・統計学的な帰結だ。科学のみならず、古来ブッダもキリストも宮沢賢治（みやざわけんじ）もジョン・レノンも主張してきたことである。

なぜブッダもキリストもできなかったことをいまさらここで提唱するのか？　もう一度強調すると、それは、現代には科学という共有財産があるからだ。

科学は完全ではないから信じないという人がいる。それはあまりおすすめしないあり方だと思う。科学はもともと完全ではない。よりベターを追求してきた体系であり、まだわからないことはたくさんある。しかし、だからといって否定すべきではない。人類の英知を結集し、統計的な確からしさをもっとも追求してきたのが科学的な研究だからだ。

研究者のひとりとして、わたしは声を大にしていいたい。科学が完全でないからといって、非科学だけに依存しないでほしい。科学的な医療が完全でないからといって、非科学的な代替医療だけに依存しないでほしい。なにが合理的で、なにが非合理的かを自分で判断する力を身につけてほしい。

話を戻そう。

本書でもっとも述べたいことは、要するに、「世界人類を愛そう」（正確にいうと、人類のみならず、あらゆる生物や物事を愛そう）である。長く述べてきたが、つまるところ、本書の内容がわかりづらければ、ここの部分だけでも理解してほしい。なにが違うとか、なには敵だとか、なにが不満とか、なにが憎いとかいっていないで、「世界人類を愛そう」というのが本書全体の唯一のメッセージなのである。ほかには、なにもない。

みんな素晴らしい。だから、みんなを愛おしく思い、みんなを大切に思い、みんなを愛そうよ。

エモーションである。偽りのない倫理である。それだけである。これだけをいうために、様々な視点から「生」を吟味してきたのだ。

人間という合体動物

「愛」とはなにか、「利他」とはなにか——。

愛や利他の概念は古くからあり、古代ギリシアでは、愛はエロス（男女の愛）、フィリア（友だちの愛）、ストルゲー（家族の愛）、アガペー（無償の愛）に分類されていた。アガペーは、キリスト教では「神の愛（神が与える愛）」と再定義される。

キリスト教の考え方が興味深いのは、神こそが無償の愛を与えてくれる存在であるがゆえに、人間は神のような大それたこと（無償の愛）はできないが、それを知ったうえで人間なりに「隣人への愛」を実践しようとしたことにある。

それに対し、仏教における「慈悲」は、すべての生きとし生けるものが幸せであるようにと願う心であり、アガペーと似た概念である。仏教では、「一人ひとりが無償の愛に辿り着ける」と考える宗派が多い。

そこで、仏教やキリスト教を宗教として信じなくても（信じても）、各宗教の考え方に矛盾しない範囲で、「すべての人を愛することを目指そう」とするのがウェルビーイング資本主義である。現代人類は、思想信条にかかわらずこの点について合意すべきである。

なお、古代ギリシアの4つの愛には「セルフコンパッション（自己愛）」が含まれていない。愛とはそもそも他者へ向けるものであり、自己を大切にする概念ではなかったのかもしれない。だが、現代の心理学では、自尊感情や自己肯定感、自己受容など、自分自身を思いやる項目の重要性が指摘されている。自己肯定感や自己受容は、自分を肯定しポジティブに受け入れることであり、幸福度にも比例するものだ。

つまり、自分を愛することなしに他者を愛する（世界平和を目指す）ことばかり考えるのは、心にストレスを抱えてしまうということである。そこで、第3章でも述べたように、まずは自分を愛することからはじめることをおすすめしたい。なんとかなる、ありのままに、やってみよう、と思う自分を信じてほしい。

ただし、自他の境界は曖昧だとする立場から見ると、自他を区別しないのだから、「自分を愛すること」と「他者を愛すること」は結局のところ同じである。

わたしはかつて、キイロタマホコリカビという細胞性粘菌を顕微鏡で見たことがある。当時、この生物には驚いたものだ。

細胞性粘菌は、餌があるときは単細胞のアメーバ状の生物としてばらばらに生きているが、餌がなくなると何万匹も合体し、巨大なナメクジのような合体動物となって水のあるほうへと動いていく。さらには、ある場所で合体植物のように発芽し、茎を伸ばして子実体を形成し、胞子を撒き散らす。ひとつの生物だったものが合体動物になり、最終的には合体植物となって、四方八方に広がり、またばらばらのアメーバとして活動するのだ。その様子には驚くばかりだ。

しかし、これも人間が自分の皮膚までを自分だと固定観念により思い込んでいるから驚くだけだ。

要するに、自分は全世界約80億人の分身であり、たまたま物理的には合体しない生物として生まれたから、個人がバラバラのように見えているだけだと思ってみればいい。これまで述べてきたように、本来、自己と他者の境界は曖昧なものだ。そして、人と人は物理的に合体していなくても、情報的につながっている。

また、そもそも約80億人もいる人類は、同じアフリカの祖先から派生した兄弟姉妹である。つまり、血縁としてもつながっている。

インターネットというテクノロジーは、新たな擬似的合体手段だと考えることもできる。だったら、みんなで力を合わせて合体し、地球をもっといい場所にすべきではないか。心の地動説のところで述べたように、「わたし」は受動的だが、個体としての「自分」は世界とつながっているのだから。

世界はあなたである

わたしは2004年に、『脳はなぜ「心」を作ったのか――「私」の謎を解く受動意識仮説』（筑摩書房）という本を書いたのだが、その頃から試しに、自分の意識は受動的で、実はなにも決めていないと考えて生きてきた。文章では、文章の都合上、「わたしは○○」のように書いているが、本当は受動的である。「わたしは決断した」ではなく、正確には「わたしは決断したかのように感じる意識体験ショーを見た」であり、「わたしは行動した」ではなく、「わたしの身体が動いたのをあたかも自分が動かしたかのように感じた」である。

そのように意識しながらこれまで生きてきたが、なんの矛盾もない。「わたしが能動的に行った」と感じるか「わたしが受動的にさせられた」と感じるかは、単に感じ方の問題であって、どちらでもいいのである。英語にも、I decide. とI am decided. という能動態表現と受動態表現があるように、どちらもあり得るのである。日本語でも同様だ。「自《みずか》ら生きている」のか、「自《おの》ずから生かされている」のか。どちらもあり得る。そして、脳神経科学の様々な実験結果と整合するのは、つまり科学的に裏づけられているのは、後者なのである。

中島岳志《なかじまたけし》さんの『思いがけず利他』（ミシマ社）によると、ヒンドゥー語には与格構文という構文があるそうだ。例を挙げると「わたしはあなたを愛している」というのは主格構文である。一方、「わたしにあなたへの愛がやってきてとどまっている」というのが与格構文である。これである。わたしが行っているのは。以前、インドの人たちに受動意識仮説の話をしたら、「それは当然ではないか」といわれて驚いたことがあったが、この言語体系が、受動意識的な考え方を当然たらしめているのかもしれない。いずれにせよ、わたしがやってきたことと似たことが言語になっていて、何億人もの人に使われているのである。仲間を得た思いである。

さらにわたしは、5年くらい前からは、ネイティブアメリカンがそうしたように、わたしたちは移動できる体を持った地球の一部であると考えてみることを趣味のように行っている。先に述べたように、ネイティブアメリカンは、人間とは森のケアテイカーだと考えた。細胞性粘菌の一部がアメーバ状の個体として活動するときのように、自分は、たとえば森の一部がたまたま人間の体を持っていると考えてみる。実は自分は森の派出所であって、移動して様々なものを見たり聞いたりするためのパトロール用移動式ユニットではないかと想像してみるのだ。

確かに、森はじっとしていていろいろなものを見てまわることができないから、移動する部分であるところの動物たちを創造し、いろいろなところへ派遣していると考えても、とくに論理的に問題はない。たとえば、わたしの見たものが森に伝えられていて、森は地球上の人間が見た様々なことをすべて把握しているのだとしたらどうだろう？ そんなふうに考えると面白い。そして、この仮説もまた、わたしが人間として生きるうえでなんの問題もないものだ。もちろん科学的にどうやって通信しているのだという議論は残されるが、そこは置いておいて、である。

もうひとつの趣味は、もしもわたしの胃や腸や心臓や筋肉や血管が心を持っていたとしたらどうだろうと考えてみることだ。わたしの脳の意識（つまり、いわゆるわたしの心）は知らないが、実はわたしの部分たちは会話をしているのではないかと想像してみるのだ。胃は、「今日は忙しいんだよ。全体個体が暴飲暴食するから」というと、心臓は、「確かに、鼓動が速いと思ったら、お酒を大量に飲んだからなのかな」と答える。血管も、「今日は圧力が高いですが、なんとかこっちは頑張っていますよ」と答える。もしもそのようになっていたとしても、論理的にはとくに問題はないだろう。同じように、科学的には内臓はどこで考えているのだという議論は残されているが、そこは置いておいて、である。

あるいは、先にも述べたように、コントロールできる範囲までを自分だと仮定して確認してみればいい。人差し指を動かしてみる。動く。自分は動いている。よかった。瞬きしてみる。動く。よかった、自分だ。息を吸ってみる。お腹が動く。よかった、生きている。箸を動かしてみる。上手に動く。箸は自分だ。部下を動かしてみる。多くの部下は思ったように動く。部下は自分だ。本を書いて自分の考えを伝えてみる。読者の心が動いたら、読者は自分だ。

つまり、わたしたちは、わたしたちの身体までがわたしで、意識できる心が自分の心だと考えることに慣れているから、自分は受動的であるとか、本当はないとか、もっと大きな生き物の一部だとか、器官という生物の集合体だとか、他人も自分だとは、感じないのである。しかし、視点を変えてみると、どれもさほど奇妙なことではない。こういった内容を初見した人には奇妙なことに思えるかもしれないが、何年も思考実験を趣味のように繰り返しているわたしからすると、どれもとくに仮説ないしは再定義として奇妙ではない。

世界を100パーセント愛することをイメージしよう

わたしは、世界を100パーセント愛することをイメージできる。というか、そうしている。世界を愛おしく思う。わたしがそのようにいうと、「理想論としてはわかるが、自分にはできない。実感できない」といわれることがよくある。これも、日頃そうしていないから難しく思えるだけではないだろうか。

では、みなさんは、自分を100パーセント愛することはイメージできるだろうか？　できない人もいるだろうが、世界を100パーセント愛するよりはハードルが低いだろう。世界を100パーセント愛することができない理由は、全世界約80億人のうちのほとんどの人を知らないので、具体的に愛するアクションを実行できないからだという意見があろう。

しかし、なにかを100パーセント愛することと、つねに100パーセント具体的に大切にすることは違う。どんなに自分のことが好きでも、ときには自分を痛めつけることだってある。たとえば、電車に乗り遅れないように駅まで全速力で走ったり、ときにお酒を飲み過ぎてしまったり。それによって足を過酷に働かせたり、肝臓に負担をかけたりすることはあるだろう。

同じように、世界中の生きとし生けるものを愛することは、一人ひとりをいつも具体的にケアするという意味ではなく、気持ちやイメージや想像力の問題である。世界を100パーセント愛することは、論理ではなく「実感」なのである。イメージにおいてすら世界を100パーセント愛することができないとすると、自分のなかのなにかがそれを妨げているのではないだろうか。

「殺人犯を愛せるのか」「自爆テロを起こす集団をどう愛するのか」といった疑問が湧くかもしれない。だが、自爆テロを行う者の立場に立ってみると、それは、長いあいだ侵略を続けてきた異教徒を神の名のもとに征伐するという、彼ら彼女らにとっての善なのかもしれない。逆に、長いあいだ侵略を続けた異教徒の側もまた、自分たちにとっての善を遂行したのである。どちらも悪の塊ではなく、分断されたそれぞれの世界における善なのだ。悪いのは、彼ら彼女らではない。いずれかの宗教が悪いのでもない。それぞれの宗教が怒りのエンジンを駆動させざるを得ない状況に追い込む関係性に問題があるのだ。だから、分断された関係性を統合するために、ウェルビーイング資本主義が必要なのである。

どの思想や宗教がいいとか悪いとかいうのではなく、生きとし生けるものを愛するのは偽善だと断ずるのでもなく、互いの痛みを理解し、「自分の一部」として想像するべきなのだ。それができれば、人類の「部分同士」が戦うのは大変痛ましいことであり、みんな仲良くするほうがいいと考えるのは、ごく普通の感覚ではないだろうか。

人類すべてが仲良く過ごし、人類全体を愛するならば問題は起きない。あなたはみんなである。だからもう、自傷行為はやめよう。人類自体が存亡の危機に瀕しているときに、自らの主張だけを押し通そうとしている場合ではない。まずは世界を100パーセント愛することをイメージしよう。多くの人が理想の世界を実感することが、これからの時代を生きる人類の態度となるべきなのだ。


誤解を恐れずに述べるなら、あらゆる悪とされるものは悪ではなく、人類の営みの結果として「悪のように見えている」だけである。

自分が病気になったときを思い起こせばいい。お酒を飲み過ぎて胃や肝臓の調子を損ねたとき、もし自分を100パーセント愛しいと思っていれば、「こんな役立たずなものは、切って捨てたほうがいい」とは思わないだろう。自分のことが愛おしければ、「飲み過ぎて身体に良くなかったな」「肝臓に悪いことをしたな」と悪くなった部分をいたわるはずである。

わたしたちが行うべきことは、個人を人類に置き換える想像力を持つことだけだ。自分と社会をアナロジーで捉え、類推《るいすい》する想像力を持つことができるならば、世界を100パーセント愛することは可能だ。可能どころか、とても簡単だ。

他者は、自分なのだ。仏教が説くところの「自他不二」「自他一如」「自他非分離」である。

敵は消え去る

世界中の生きとし生けるものを100パーセント愛することは可能だと述べた。これは100パーセントであるべきで、99パーセントでも99・99パーセントでも不十分だ。

なぜなら、人間は純粋であるべきだと思うからだ。ほんの少しでも自分や他人を嫌いだと思う気持ちがあると、それは次第に広がっていき、幸福度が低下していく。どんな欠点であっても、嫌いだと思った瞬間、そこから分断がはじまり不幸せが広がっていく。

この世界で100パーセントなんて可能なのか？　そんな疑問が湧くかもしれない。もちろん、物質社会において100パーセントの純度のなにかをつくるのは困難だが、心の世界においては、これは科学的厳密さを求めた言葉ではなく、精神的納得感のための表現である。「純粋さを目指そう」というキャッチフレーズだといったほうが適切かもしれない。その意味では、「100パーセント愛している」よりも「100パーセント愛そうと決意している」のほうが正確な表現だろう。

もともと全世界約80億人すべてがわたしであり、約20万年前からの人類はすべて自分だと認識できたならば、敵は消え去り、怒りのエンジンの発動する動機はなくなる。「許せない」と感じる他人は、みな自分の一部なのだから、怒ったり憎んだりするのではなく、許す寛容性が必要なのである。

つまり、世界中の生きとし生けるものを100パーセント愛するとは、100パーセント愛のモーターで進むということだ。

病気になったときは、「どうせ死ぬのだから」と自暴自棄になるよりも、冷静になり、問題に対処して、病気を治していくほうがいい。人類だって同じことだ。人類の誰かが行ったなにかをただ憎むのではなく、自分の一部が誤って行った過去を反省し、いまこの瞬間から正していけばいい。

現代社会には、女性蔑視の問題やLGBTQを含めたジェンダー問題、同性婚を認めるか否かといったような問題もある。そこには宗教的価値観も深く根ざしており、同性愛を絶対に認めない宗教もあれば、女性を低く扱う宗教も存在する。

これらも同じ構造である。同性婚を認める人とそうではない人は、根本的に異なる価値観に立脚しているのでなかなか相容れない。しかし、だからこそ「自分が正しい」と考えるのではなく、まず多種多様な考え方や価値観があることをアコモデーションすべきなのだ。そして、そう考えることのできる理由は、もちろん、すべては自分だからである。

「世界中の人を愛することは自分にはまだできないから、自分のまわり半径3メートルを愛します」という人がいる。まだ世界人類を愛するのは荷が重いと思う気持ちはわかる。それでもやはり、世界人類すべてが自分だと思ってみてほしい。

足は遠過ぎるから脳から首まで30センチだけ愛しますという人はいないだろう。とくに調子が悪い首まわりをいたわる人も、全身を大切にするに違いない。だから、もし半径3メートルの人に手を差し伸べるのがあなたのミッションだったとしても、世界の人類全員を大切に思ったうえで、半径3メートル以内の人を大切にしてほしいのである。

「自利利他円満」というひとつの円

愛についてもう少し吟味してみよう。エロス（男女の愛）であれ、フィリア（友だちの愛）であれ、ストルゲー（家族の愛）であれ、他者との仲が壊れるパターンは、「わたしはあれほどやったのに」「どうしてあなたはやってくれないのか」と、ギブ&テイクにおける、テイクが不足したときであることが少なくないように思う。

「愛憎」という言葉がある。あんなに愛したのに見返りがない。だから愛が憎しみに転じる、というメカニズムだ。しかし、互いに愛を築いていたのに、なにかがきっかけでわざわざマイナスにまで減らしていくのは、論理的に考えると非合理的このうえない。

愛が減ったくらいの時点にとどまっていればいいのに、「殺してやる！」と相手にいうまでになるのは、利己心が大き過ぎるのではないだろうか。

もう少し利他心が大きければ、そんなに相手を憎む状態に陥らないのではないかと思う。そもそも、相手よりも自分を優先しているから、愛が憎しみに変わるのだ。自分よりも少しだけでいいから相手を大切に思っていれば、愛は愛のままであるのではないだろうか。

もちろん、本書で述べてきた自他非分離の論理によると、相手も自分なのだから、相手を憎むことは自分を憎むことである。したがって、ウェルビーイング資本主義に従えば、相手を憎むという選択には陥らないはずだ。

「自利利他円満」という言葉がある。

自分の利益と、他人の利益がどちらも満たされたときに、全体として欠けるところがなく丸く満ち足りるという意味だ。自分を愛し自分を大切に扱うことと、他人を愛し他人を大切に扱うことは別の概念ではなく、合わせてひとつの円になる。自他非分離の考え方を適用すると、自利イコール利他である。円がふたつあるとして、それらをぴたりと重ね合わせれば、「利己＝利他＝円満」になる。

世俗的な例を挙げるなら、お金を稼ぐために仕事をしていると思えば100パーセント利己かもしれないが、世の中を良くするために仕事をしていると思えば100パーセント利他である。利己と利他は対立概念ではなく、表と裏であり同じことなのだ。そうしてみんなのために仕事をし、同時にお金を得るからこそ世界がまわっていく。「自利利他円満」は、利己と利他が一緒になった世界なのである。

二項対立的に考えると、利己と利他は対立概念にある。利己が0パーセントにならなければ、利他が100パーセントにならないことになるからだ。そうではなく、利己と利他を重ねて、利己100パーセント、利他100パーセントで生きればいい。

「Ikigaiベン図」という図がある（図5－3）。生きがいという日本語は、実は「Ikigai」という英単語として欧米の知識人を中心に知られている。Ikigaiベン図とは、もともと日本にあった生きがい

図 5-3　Ikigai ベン図（マーク・ウィン氏の図解をもとに著者作成）

についての概念を、アメリカのコンサルタントであるマーク・ウィン氏らが図にしたものだ。Ikigaiベン図では、4つの円が描かれる。「What you love（好きなこと＝利己）」「What the world needs（社会が必要とすること＝利他）」「What you are good at（得意なこと）」「What you can be paid for（収入を得られること）」の4つの円である。

「好きなこと」「社会が必要とすること」「得意なこと」「収入を得られること」の4つの円が重なるところがIkigaiである。

「自利利他円満」とは、前者ふたつが一致することだったが、Ikigaiベン図では、それらに加えて、得意なことと収入を得られることがつけ足されている。確かに、得意なことがあると幸福度が高まるし、現代社会では収入を得られないと生きていけないので、これらがつけ足されたことも理解できる。

同じ大きさの4つの細いリングで、Ikigaiベン図をつくることを想像してほしい。Ikigaiベン図では4つの円が部分的に重なっている。さらに、4つの重なっているIkigaiの部分を押し広げることによって、円の重なりを次第に大きくしていくことを考えてみてほしい。最後には4つの円がぴたりと一致して、ひとつの円になるはずだ。これが「自利利他円満」である。

「好きなこと」「社会が必要とすること」「得意なこと」「収入を得られること」をいつも満たしながら生きる。これはどんな状態だろうか？　自分を愛し、他人を愛し、得意なことを行って、現代社会で生きていく状態。約80億人の世界人類がこれをできる世界を目指せたら、まさに自利利他円満な社会である。

わたしはいつの頃からか、Ikigaiの4つの円が重なり「自分を100パーセント愛し、世界を100パーセント愛する」あり方でいられるようになった。ときには苦手な人と会って戸惑ったりすることもあるが、それによって生きとし生けるものを愛するあり方が阻まれることはもうない。すぐに、「自分を100パーセント愛し、世界を100パーセント愛する」地点に立ち戻ることができる。

そんな地点にいると、余計な悩みがないので気持ちがとても楽でいられる。Ikigaiの4要素が一致しない状態にいないからだ。たとえば、好きでも得意でもないのにやっている仕事や、社会の役に立たない仕事は行っていない。収入を得られないのに行うボランティア的な活動はするが、生活トータルでは必要な収入を得られているから問題はない。つまり、4つの円が重なっているから、いつも自利利他円満であり、ぶれないのである。

たとえば、この本を書くという行為は、好きなことであり、社会のためにやるべきだと使命感を抱くことであり、得意なことであり、これによって収入も得られることであるので、4つの円が重なっているということができる。わたしが行っているほかのすべての活動も、4つの円を満たしている。4つの円が完全に重なっているのだ。「いやいや、プライベートに自分だけのために楽しむことや、少々やるのが嫌な仕事など、4つの円が重ならない時間もあるだろう」と思われるかもしれない。しかし、私生活で幸せに暮らしていることも幸福学の実践的探究であり、普通の人だったらちょっと嫌な雑用と思うような仕事も、誰かの役に立っているに違いないと楽しみながら行えている。

このように考えることは、誰にでもできることだと思う。

ぜひ、あなたの最近の生活は、Ikigaiベン図のどの領域にあるかを考えてみてほしい。そして、4つの円が重なっているところ以外の活動があったら、どうすれば4つの円が重なるかを考えてみてほしい。創造的に考えれば、きっと答えが見つかるだろう。すべての人に、「自分を100パーセント愛し、世界を100パーセント愛す」あり方で生きてほしいと心より願う。

あなたが幸せでありますように

すべての人が地球上の生きとし生けるものを愛することが、幸せな世界への道だということについて述べてきた。みんなが自他非分離という考え方に納得し、「わたしは地球の一部である」というフラットな感覚を持つことができれば、人々はいまよりもわかり合うことができるだろう。

しかし、どれだけ手を尽くして「わたしたちは地球の一部だ」と伝えても、数多くの反論が存在するし、いつだって戦いを挑んでくる人はいる。どれだけ科学的事実を提示しても、結局のところ信じない人は信じない。そうなる理由は、人が各々の信念に基づいて生きているからである。すべては幻想なので、それなりに納得感のある信念体系が定義されれば、人はそれを信じることができるからである。

もちろん、わたしの立場は、それらすべてを尊重したいという立場だ。ただし、地球上の生きとし生けるもののウェルビーイングに資する考え方——つまり、ウェルビーイング資本主義であるならば、である。わたしは、戦争や憎しみ合いや環境問題や格差拡大がなくなり、世界が平和になり、すべての生物が幸せになるのなら、アプローチはなんでもいいと考えている。

わたしは、人類みんなが幸せに生きてほしいと願っているので、二項対立的な議論はしたくないのだが、現実には、「みんなのことを考えて生き残るか、みんなが自分勝手にやって滅びるか」という究極の選択が人類には迫られているように思う。人類は、新たな段階3・1に進むのか？　それとも、自傷行為とも呼べる3・0を続けるのか？　生命圏にとって末期症状を呈しているわたしたちが、それでも勝手に生きて、死に向かうなら、それはそれで仕方がないとは思うが、残念なことである。

できることなら、みんなで力を合わせる方向に世界全体を転換しようではないか。紀元前500年に生きたブッダやソクラテス以来のすべての人々のおかげでいまのわたしたちがある。同様に、21世紀の人類のおかげで地球の平和が取り戻されたと、1000年後の人類が語り合うような世界を、いまこそみなでつくり出そうではないか。

そういう意味では、これからの時代は人類史上稀に見る「やりがいのある時代」となる。人類3・1。農耕革命や産業革命に匹敵する、人類の繁栄のための大きな変化の時代に、わたしたちは生きているのである。みんなで力を合わせて環境問題も貧困問題も幸せの問題も解決する時代が、ついにやってきたのである。

悲観的になろうと思えば、悲観的になることもできる時代。逆もまた、真である。楽観的になろうと思えば、楽観的になれる時代。どちらを選んでもいいのだったら、幸せなほうを選ぼうではないか。幸せな人は、創造的で、生産的で、健康長寿である。幸せに生きれば、きっとあなたが行うべきことは見つかるだろう。みんながそのかけがえのない個性を生かし、ともに力を合わせていきいきと生きるだけだ。それができるなら、答えは必ずや見つかる。

わたしたちは楽しくワクワクしながら、大きな転換点にある世界を、ともにより良い方向へ歩んでいけばいいのだ。世界中の生きとし生けるものが幸せに生きる世界を——。

わたしは心より願う。世界が、みんながともに生き続けたい、美しい場所であり続けますように。みんなの痛みが癒やされますように。戦ったり、争ったり、妬んだり、羨ましがったり、自慢したり、他人を傷つけたり、自分勝手な主張をしたり、自信を失ったり、不安になったり、苦しんだりすることが、なくなりますように。

旧石器時代には力を合わせていたといわれる人類。労働生産性も高かった時代。そこから、農耕をはじめ、産業革命を達成し、科学技術を発展させ、頑張ってきた地球人。よかれと思って頑張ってきた。本当によく頑張った。しかし、すこし突っ走り過ぎて、地球を傷つけ、自分を傷つけて、苦しんでいる。そんなわたしたちが、もっと優しく寛容になれますように。

農耕革命以来1万年間、頑張り過ぎてきたわたしたち。わたしたちが、もっとウェルビーイングに気をつけて生きられますように。自己を確立して、自分に自信を持ち、自尊心高く生きようと思い過ぎて無意識のうちにストレスを抱えてきた人類が、そもそも自分は受動的であり、幻想であり、もともとはないようなものなのだと気づき、生きるために強がるのをやめられますように。

「もう無理し過ぎなくていいんだよ」とみんなに伝えたい。泣いてもいいんだよ。弱音を吐いてもいいんだよ。

自分と他人は別物であると考え、しっかりしなければならないと考え過ぎて気負っていたわたしたち。もっとリラックスして、自分はみんなであり、みんなは自分であると考えようではないか。みんな、一緒なのだから。

世界中のみんなが、自分とみんなを愛おしく思えますように。自分はみんなであり、みんなは自分であり、自他非分離であり、自利利他円満である。みんながそんなふうに思えますように。

あなたは世界に支えられている。あなたはひとりではない。36億年前に生命が誕生して以来、みんなつながっている。人間は、たくさんの生物たちの一部なのだ。みんな、兄弟姉妹だ。そして、みんな、あなた自身だ。生きてよし、死してよし。生死とは、あなたからあなたへとバトンを渡すことだ。みんな、あなたなのだから――。なんて素晴らしい連鎖なのだろう。あなたからあなたへ、わたしからわたしへと、これからも続いていくバトン。

あなたは36億年を生きてきた。そして、これからも明るい未来を生きていくのだ。

同じことを三度願って、本書を閉じよう。わたしが幸せでありますように。あなたが幸せでありますように。世界中の生きとし生けるものが幸せでありますように。

Epilogue——循環

わたしは2022年1月に還暦を迎えた。早いもので、人生もひとまわり。いろいろなことがあったが、『論語』によれば、六十にして耳順《したが》う。人のいうことがなんでも素直に理解できるという年齢だ。ぴったりではないか。共感と相互理解とアコモデーションのできる年頃。そんな年頃のわたしにとって、これは記念すべき本になった。

本書でも触れたように、人の心は成長する。わたしも少しは成長し、六十にして、わたしはあなたであり、あなたは世界であり、世界はわたしであることがわかるようになった。もちろん、わたしはあなたではなく、あなたは世界ではなく、世界はわたしではないこともわかる。なかなか順調だ。六十にして耳順う。ソクラテスやブッダの発言も、それへの反論も、わかる。

もちろん、右の記述が矛盾ではないことは、本書で述べたように、二項対立的な議論は特別なケースにおける近似に過ぎないことを現代科学が立証していることから理解できる。

いやいや、理解できない。本書は、いまはないといったり、いましかないといったり、世界は閉塞感に満ちているといったり、世界は愛に満ちているといったり、バラバラではないか。そんな印象を持った人もいるかもしれない。もちろんバラバラではないと本書のどこかには書かれているので、ご理解いただけると嬉しい。同じような話が何度も出てくると感じられたかもしれないが、それは螺旋状に話を展開したからだ。同時に、条件と方程式と解と考察のような直線的展開も重ね合わせた。東まわりの世界は螺旋的・循環的、西まわりの世界は直線的・進歩主義的だから、両者を包含するように設計したのだ。60歳未満の読者のみなさんにもご理解いただけていたなら嬉しい。

なんの因果か、あなたもわたしも、そして全世界約80億人の人類も、21世紀の現代社会を生きている。思えば増えたものだ、わたし。

36億年前、バクテリアだった頃を覚えているだろうか？　懐かしい。あれから、よくもまあ、何十億年も進化してきたものだ。そして、よりによって、あなたとわたしは、一番やっかいな生物として生まれた。本文中にも述べた通り、生物史上最高に悩める存在である、人間。そして現代とは、生物史上最高に、人類とすべての生物の未来について憂う時代である。

やっちゃったね、わたしたち。これまでずっと、一生懸命生きていたつもりだったのに、全体としては、やってしまった。気候変動やパンデミック、格差など、様々な課題をつくってしまった。

まあ、でもなんとかなる。なんとかするしかないのだし。

気楽そうなことをいったが、実際、なんとかならないことなどなにもない。宇宙ができて、銀河系ができ、太陽ができ、地球ができ、生物が生まれ、人類が生まれ、あなたが生まれたというだけのことだ。いつの日かあなたは去り、人類は滅び、生物も滅び、地球もなくなり、太陽もなくなり、銀河系もなくなるに違いない。だから、間違いない。

こんな大きな時間の流れに比べたら、なんとかならないことなどなにもない。

しかも本書で何度も述べたように、あなたは幻想であり、本当は、もともとない。もともとないものが、あるように見えているだけである。しかも、あなたとあなた以外の境界は曖昧なものだ。あなたは人類であり、バクテリアであり、地球である。さらに、バクテリアから人類まで、すべての生物は兄弟姉妹である。もっというと、あなたは宇宙に存在する原子・分子とエネルギーから構成されていて、生物から生物へ、あるいはものから生物へと受け継がれているだけである。物と生物も大差はない。あなたはゼロであり、1であり、すべてなのだ。あなたという幻想はあなたの死とともに失われるかもしれないが、本当のあなたは何十億年もかたちを変えて生き続けている。

そう考えたら、愛おしいですよね？　すべてが。あなたの目に入るすべては、あなた。ビルも、空も、森の木々も。みんなあなたとともにある。寂しさなんて、どこにもない。死なんて、どこにもない。なんて豊かなこの世界。この世界に、幻想とはいえ、いきいきとしたクオリアを持った人間として生まれた奇跡。地球史上もっともやっかいな悩める存在ではあるけれど、見方を変えると、悩みや悲しみや苦しみも含めて、地球史上最高に喜怒哀楽を感じることができる場こそが、あなたなのだ。

そう、あなたとは、場だ。あなたという場に、仮にあなたの心がある。場の喪失を恐れる必要はない。場はいつかなくなるが、あなたは永遠にないのだから。そして、永遠にあなたであり、永遠にすべてなのだから。あなたは世界であり、生きとし生けるものであり、生きていないものであり、それらは超並列的に同時に存在し、超直列的に生まれ変わる。

還暦は生まれ変わりでもあるともいわれる。なにに生まれ変わるか、楽しみである。

2022年4月

前野隆司

Encore（Bonus track）——永遠

素晴らしい音楽の演奏会にはアンコールがある。興奮冷めやらぬ観客の拍手。それに対する、演奏者の挨拶。はたまた、新たな曲の披露。アンコール曲を聴けたときには、素晴らしかったひとときのリフレインが、全体の余韻を木霊《こだま》させる。

観客は一度ないしは数度行われるアンコールを味わいながら、ああ、しかし、さすがにもうこの物語は終わるのだと覚悟を決める。一体感が幕を閉じ、観客席にライトが灯されると、人々はひときの夢から目覚めて、それぞれの日常へと戻っていく。

東京・目黒に、とんかつの老舗「とんかつ とんき」がある。ここのとんかつは独特で美味しい。店のつくりは粋で、芸術のつくり手の手捌きは素晴らしい。興奮冷めやらぬ観客には、とん汁とキャベツのおかわりは許されるが、とんかつそのものは、曲が演奏されるが如く、一切れずつ減っていく。わたしはこの店のヒレかつ定食が好きなのだが、ヒレかつが減っていき最後の一切れになったとき、いつも思うのだ。「ああ、前にあった一切れを、そしてその前の一切れを、もっと味わっておけばよかった」と。

とんかつははかない。ああ、春の夜の夢のようだ。演奏会も、人生も、本も、同じだ。

そう。わたしは本書のエピローグを書いたところで、ああ、まだ終わりたくないと思ってしまったのである。きっと、演奏会のアーティストたちも、とんかつのアーティストたちも、同じ思いでいることだろう。そこで、思いついた。そうだ、エピローグのあとに、アンコールを書けばいいのだ。

もちろん、アンコールの拍手をしていない人もいるかもしれない。そんな人は、もちろんエピローグまで読んだところで帰路を急いでいただいて構わない。しかし、もっと読みたい、もっと著者と触れ合いたい、そう思った人もいるのではないか？　著者であるわたしがそう思ったのだから、きっと共鳴した読者の一部の人はそう思ってもらえたに違いない（と信じたい）。そこで、そんな読者の人々のためにお贈りするのが、このボーナストラックである。そう、ボーナストラック。音楽のCDに入っている、あのボーナストラック。

音楽の演奏会、とんかつ、CDの例を挙げたが、わたしの趣味である絵と写真の話をしよう。わたしはなにを隠そう、大学時代は美術部、最初に就職した会社はカメラメーカーだ。絵と写真が趣味である。絵と写真とは、この美しい世界の美しい瞬間・美しい場所を、わたし自身が美しいと感じ、堪能し、そんな世界の素晴らしさをみんなに伝えるために描いたり撮ったりするものである。もちろん、醜いものを描いたり、問題提起すべきものを撮ったりする人もいる。それも素晴らしい。それらを否定するものではまったくない。しかしわたしは、世界中の美しいものを探してきて、切り取ってかたちにして確認することが好きなのだ。それが、わたしの表現なのだ。

あなたとわたしがいまここに感じている、いま。それは、宇宙の歴史のなかでいまだけ。唯一無二である。これは愛おしい。二度と再現できない時間。そのクオリア。それらはすべて美しい。だから、それを絵や写真に残すのが、わたしの趣味。いや、生きる証だ。

そして、もうひとつの活動は、人類の心の美しさをあきらかにする活動。幸福学である。

そう、絵と写真と幸福学は同じである。世界の美しさを感じ、堪能し、伝える活動。

いや、みんなのすべての活動は、同じなのではないか。どんな人の仕事も、世界の美しさを感じ、堪能し、伝える活動なのではないか。そして日本や東洋の先輩たちはいった。諸行無常。

美しさははかない。だって、いま、終わっちゃうんですよ。演奏会も、とんかつも、CDも、写真も。しかしそれは、だからこそ美しい。いま、一瞬限り。それを心にとどめたり、なにか再度鑑賞できるかたちにしたり。芸術の種類によって異なるものの、真実はいまここ限り。それを人々が誰かに伝えようとすること自体が美しい。それが、共通点である。

そして、本書でお伝えしてきたことは、それが終わりではないということである。演奏会も、とんかつも、CDも、写真も、もう一度楽しむことができる。人生だって同じだ。あなたがもうそれ以上分けることのできない個人(インディビデュアル)であると考えるなら、あなたの死はあなたの終焉である。しかし、あなたはコレクティブだと考える論理を最大限まで拡大するなら、あなたは地球であり、宇宙である。あなたは、伝えられていく。

あなたの人生は、あなた限りのいまの人生だと考えるか。36億年前のバクテリア以来脈々と続き、地球上で繁栄したこの豊かな生命圏全体だと考えるか。それはあなた次第である。そして、後者であるならば、演奏会もとんかつもCDも写真も、あなた限りで終わりではない。

もちろんこの話はもう本文で十分話し尽くした話であるはずなのだが、アンコールのように、リフレインのように、何度もみんなに伝えたいとこんなに思うのは、みんながそうでない見方に慣れていると思うからかもしれない。もう、アンコール（ボーナストラック）なので、終わりにしよう。もう一度、述べてから。

コンサートや、とんかつの終わりは、はかない。胸がキュンとする。諸行無常を感じるからだ。正直いって、還暦も、キュンとする。「人生の終わりが20代の頃と比べると近づいてきたなあ」と感じるからだろうか。

しかし、終わりは、終わりではない。あなたは、あなたではない。あなたははじまりであり、終わりは宇宙である。はかなさは感謝であり、悲しみは感動である。過去はあなたであり、あなたは未来である。あなたはゼロであり、1であり、すべてである。世界は、ゼロであり、1であり、すべてである。もちろん、わたしも、ゼロであり、1であり、すべてである。

もっとわかりやすくいうと、地球はひとつ、世界はひとつ、ということだ。みんながあなた。そしてそれは、本当はないから、ゼロ。みんな一緒だから、1。みんなだから、すべて。それだけのことだ。実は、そんなに難しいことではない。近代型の論理に囚われないならば。

本書では、プロローグ、本文、エピローグ、アンコール（ボーナストラック）というかたちで何度も螺旋をぐるぐると上ってきたが、あなたはどこに到達しただろうか。最後に述べたいことは、やはり以下の言葉だ。あなたに、みんなに、普遍的な言葉を贈って、幕を閉じよう。

わたしに幸せがやってきて、わたしのもとにとどまりますように。
あなたに幸せがやってきて、あなたのもとにとどまりますように。
世界中の生きとし生けるものに幸せがやってきて、みんなのもとにとどまりますように。

ブラヴィッシモ！

（客電ON）

［参考文献］

前野隆司『脳はなぜ「心」を作ったのか――「私」の謎を解く受動意識仮説』筑摩書房　2004年
前野隆司『錯覚する脳「おいしい」も「痛い」も幻想だった』筑摩書房2007年
前野隆司『脳の中の「私」はなぜ見つからないのか？ ロボティクス研究者が見た脳と心の思想史』技術評論社　2007年
前野隆司『「記憶」脳は「忘れる」ほど幸福になれる！』ビジネス社2009年
前野隆司『思考脳力のつくり方 仕事と人生を革新する四つの思考法』角川oneテーマ21　2010年
前野隆司『「死ぬのが怖い」とはどういうことか』講談社　2013年
前野隆司『幸せのメカニズム 実践・幸福学入門』講談社現代新書2013年
前野隆司『幸せの日本論 日本人という謎を解く』角川新書　2015年
前野隆司『人生が変わる！無意識の整え方 身体も心も運命もなぜかうまく動きだす30の習慣』ワニ・プラス　2016年
前野隆司『実践 ポジティブ心理学 幸せのサイエンス』PHP新書2017年
前野隆司『実践・脳を活かす幸福学 無意識の力を伸ばす8つの講義』講談社　2017年
前野隆司『AIが人類を支配する日 人工知能がもたらす8つの未来予想図』マキノ出版　2018年
前野隆司、前野マドカ『ニコイチ幸福学 研究者夫妻がきわめた最善のパートナーシップ学』CCCメディアハウス　2019年
前野隆司『幸せな職場の経営学「働きたくてたまらないチーム」の作り方』小学館　2019年
前野隆司『年収が増えれば増えるほど、幸せになれますか？ お金と幸せの話』河出書房新社　2020年
前野隆司『7日間で「幸せになる」授業』PHP研究所　2020年
星渉、前野隆司『99・9％は幸せの素人』KADOKAWA　2020年
前野マドカ、前野隆司『なんでもない毎日がちょっと好きになる そのままのわたしで幸せになれる習慣』WAVE出版　2020年
平本あきお、前野隆司『アドラー心理学×幸福学でつかむ！幸せに生きる方法』ワニ・プラス　2021年
Testosterone 著、前野隆司 監修『幸福の達人 科学的に自分を幸せにする行動リスト50』ユーキャン　2021年
前野隆司、前野マドカ、保井俊之「ウェルビーイングを陽に考慮したシステムデザイン方法論―第1報：設計論の基本概念とその適用領域―」日本システムデザイン学会誌　2021年
前野隆司、前野マドカ『ウェルビーイング』日経文庫　2022年
天外伺朗、前野隆司『サイエンスとスピリチュアルのあいだ』ワニ・プラス　2022年
エルンスト・シューマッハ『スモール イズ ビューティフル』講談社学術文庫　1986年
フランシス・フクヤマ『歴史の終わり〔上〕歴史の「終点」に立つ最後の人間』三笠書房　1992年
斎藤幸平『人新世の「資本論」』集英社新書　2020年
ベンジャミン・リベット『マインド・タイム 脳と意識の時間』岩波書店2005年

Chun Siong Soon, Marcel Brass, Hans-Jochen Heinze & John-Dylan Haynes「Unconscious determinants of free decisions in the human brain」Nature Neuroscience　２００８年

リタ・カーター『脳と意識の地形図 脳と心の地形図２』原書房　２００３年

森岡正博『生まれてこないほうが良かったのか？ 生命の哲学へ！』筑摩選書　２０２０年

ツイアビ『パパラギ はじめて文明を見た南海の酋長ツイアビの演説集』立風書房　１９８１年

永崎裕麻『世界でいちばん幸せな国フィジーの世界でいちばん非常識な幸福論』いろは出版　２０１５年

エドワード・B・タイラー『原始文化 神話・哲学・宗教・言語・芸能・風習に関する研究』誠信書房　１９６２年

中沢新一、山極寿一『未来のルーシー 人間は動物にも植物にもなれる』青土社　２０２０年

公益財団法人矢野恒太記念会『世界国勢図会２０２１／２２』２０２１年

ユヴァル・ノア・ハラリ『サピエンス全史〔上〕文明の構造と人類の幸福』河出書房新社　２０１６年

山折哲雄『仏教用語の基礎知識』角川書店　２０００年

丸山眞男『日本の思想』岩波新書　１９６１年

宮台真司『日本の難点』幻冬舎新書　２００９年

広井良典『人口減少社会のデザイン』東洋経済新報社　２０１９年

ジョン・スチュアート・ミル『功利主義論』而立社　１９２８年

中島岳志『思いがけず利他』ミシマ社　２０２１年

厚生労働省自殺対策推進室、警察庁生活安全局生活安全企画課「令和２年中における自殺の状況」２０２１年

内閣府「生活状況に関する調査」２０１９年

内閣府「若者の生活に関する調査報告書」２０１５年

Helliwell, J. F., Layard, R., Sachs, J. D., De Neve, J.-E., Aknin, L. B., & Wang, S. (Eds.). (2022). World Happiness Report 2022. New York: Sustainable Development Solutions Network.

QuickWork「【SalesNow DB レポート】２０２０年の日本全国での起業数、１月が最も高く５月が最も低い結果に」https://db.salesnow.jp/reports/648910　２０２１年

内閣府「第９回高齢者の生活と意識に関する国際比較調査」２０２１年

WHO「WORLD HEALTH STATISTICS 2021」２０２２年

内閣府経済社会総合研究所「若年層の幸福度に関する調査」２０１０～２０１１年

Kela「Suomen perustulokokeilun arviointi」２０２０年

Oxfam「Public Good or Private Wealth?」２０１９年

内閣府「令和元年版 子供・若者白書」２０１９年

V-dem Institute「Democracy Report 2021：Autocratization Turns Viral」２０２２年

ディストピア禍の

新・幸福論

2022年5月24日　第1刷発行

著　者　前野隆司

発 行 者　鈴木勝彦
発 行 所　株式会社プレジデント社
〒102-8641　東京都千代田区平河町2-16-1
平河町森タワー 13F
https://www.president.co.jp/
https://presidentstore.jp/
電話 03-3237-3731（編集・販売）

装幀・本文デザイン　大倉真一郎
イラスト　miuramegmi
DTP・図版　株式会社キャップス
校　閲　株式会社鷗来堂
企画・構成　岩川 悟（合同会社スリップストリーム）
編集協力　辻本圭介　笠井奈津子

販　売　桂木栄一　高橋 徹　川井田美景
森田 巌　末吉秀樹　花坂 稔　榛村光哲
編　集　柳澤勇人
制　作　関 結香

印刷・製本　中央精版印刷株式会社

ISBN 978-4-8334-4035-6
Printed in Japan
落丁・乱丁本はお取り替えいたします。